L'économie de la Hesse

Elisha Ben Yeshoua

L'économie de la Hesse

Le blé et un puissant système bancaire

Éditions Croix du Salut

Impressum / Mentions légales

Bibliografische Information der Deutschen Nationalbibliothek: Die Deutsche Nationalbibliothek verzeichnet diese Publikation in der Deutschen Nationalbibliografie; detaillierte bibliografische Daten sind im Internet über http://dnb.d-nb.de abrufbar.

Alle in diesem Buch genannten Marken und Produktnamen unterliegen warenzeichen-, marken- oder patentrechtlichem Schutz bzw. sind Warenzeichen oder eingetragene Warenzeichen der jeweiligen Inhaber. Die Wiedergabe von Marken, Produktnamen, Gebrauchsnamen, Handelsnamen, Warenbezeichnungen u.s.w. in diesem Werk berechtigt auch ohne besondere Kennzeichnung nicht zu der Annahme, dass solche Namen im Sinne der Warenzeichen- und Markenschutzgesetzgebung als frei zu betrachten wären und daher von jedermann benutzt werden dürften.

Information bibliographique publiée par la Deutsche Nationalbibliothek: La Deutsche Nationalbibliothek inscrit cette publication à la Deutsche Nationalbibliografie; des données bibliographiques détaillées sont disponibles sur internet à l'adresse http://dnb.d-nb.de.

Toutes marques et noms de produits mentionnés dans ce livre demeurent sous la protection des marques, des marques déposées et des brevets, et sont des marques ou des marques déposées de leurs détenteurs respectifs. L'utilisation des marques, noms de produits, noms communs, noms commerciaux, descriptions de produits, etc, même sans qu'ils soient mentionnés de façon particulière dans ce livre ne signifie en aucune façon que ces noms peuvent être utilisés sans restriction à l'égard de la législation pour la protection des marques et des marques déposées et pourraient donc être utilisés par quiconque.

Coverbild / Photo de couverture: www.ingimage.com

Verlag / Editeur:
Éditions Croix du Salut
ist ein Imprint der / est une marque déposée de
OmniScriptum GmbH & Co. KG
Bahnhofstraße 28, 66111 Saarbrücken, Deutschland / Allemagne
Email: info@editions-croix.com

Herstellung: siehe letzte Seite /
Impression: voir la dernière page
ISBN: 978-3-8416-1953-2

Elisha Ben Yeshoua.

L'économie de la Hesse

Le blé et un puissant système bancaire

L'économie de la Hesse

Introduction

La Hesse est un land très observé du fait de certaines villes dont sa ville de Francfort qui est plébiscitée à cause de sa filière bancaire.

Avoir une banque est très important et utile pour une économie. À quoi sert-il de pourvoir développer une énorme économie sans des banques. Une banque est l'une des pièces maîtresses de toute économie et vient apporter de la robustesse là où la machine économique bloque beaucoup.

"L'économie de la Hesse" sont des écrits qui essaient de donner un rythme nouveau à l'économie de ce land allemand.

Y a t-il des problèmes ? Y a t-il des difficultés à régler ? Des difficultés certes il en existe dans toutes les économies mais permettre à une économie d'être encore nommée est l'objectif de cet ouvrage qui vient faire une proposition là où l'économie se dit sûre mais dans son assurance ne se doute pas ou ne mesure pas qu'une intelligence bancaire ou une force bancaire ne suffit pas sans une origine où tirer des ressources propres permettant d'être et de rester un secteur bancaire qui ne dépend pas des situations moroses ou des humeurs de la précarité nationale et mondiale qui viendraient à surprendre.

L'économie de la Hesse

TABLE

L'économie de la Hesse

Comment marchons-nous lorsque nous n'avons pas de jambes ?

Comment vivons-nous si nous n'avons pas d'air pour respirer ?

La connaissance de ce dont nous avons besoin n'est nécessaire pour utiliser ce dont nous avons besoin que si ce que nous possédons est assez pour nous donner la connaissance requise à l'utilité de ce besoin.

L'économie de la Hesse

Un centre économique

Le fait d'être un centre économique est quelque chose qui est certes énoncée par diverses sources d'appréciations de la qualité d'une économie régionale, communale ou d'une nation mais qui en réalité est loin de mesurer la profondeur des dires qui restent souvent contradictoires lorsque nous venons à découvrir que centre économique équivaut à dire centre naturel.

Mais existe t-il alors un centre naturel sur la terre ou dans un pays ? Existe t-il un lieu où toutes sortes de sources d'eaux, de mers, de végétaux ou d'animaux vivent et se développent à coté du développement effréné des humains ? Si ce centre naturel n'existe pas ou semble être difficile à trouver, alors cela reste difficilement appréciable de considérer qu'un centre économique existe dans un pays quelconque.

5

L'économie de la Hesse

Mais restons optimiste et essayons de trouver un compromis entre ce que nous comprenons et ce que nous ne comprenons pas.

Disons que Francfort et sa région de Hesse reste une zone non négligeable et acceptable dans le conscient de tous comme étant un centre économique en République Fédérale d'Allemagne.

Si telle est sa condition alors c'est une grande opportunité et une bénédiction pour le pays tout entier et encore plus pour le land de la Hesse parce qu'une institution bancaire conserve et met à la disposition de la population le nécessaire, des moyens d'échanges moins exposés au risque de dégradations ou de vols ou autres pouvant mettre à mal l'économie individuelle ou personnelle ou collective.

Avoir une lieu où nous avons une concentration de plusieurs institutions bancaires rassure plus d'un sur la bonne forme de l'économie de ce lieu.

Il arrive aussi que cela soit une parure extérieure de ce qu'est en réalité le message cachée derrière ce visage : En ce lieu il n'est vendu que du rêve déguisé en forte réalité.

Dans le cas présent, toutes interprétations confondues, nous nous disons aussi que c'est une ville qui a du charme du fait de toutes ses banques et qui est du fait de sa situation géographique un lieu de séduction économique.

Mais qui séduit-elle ? Et comment ? Elle les séduit tous, villes et villages, districts, agglomérations, cantons, départements et régions, États et royaumes, proche ou loin, en Europe ou ailleurs.

Tous passent et observent cette grande beauté dont les yeux sont tout à fait irrésistible.

Mais est-ce qu'il est bon de se fier à cette beauté et ne pas garder à l'esprit que la perfection n'est pas de ce monde et que cette beauté peut avoir aussi des défauts ?

L'économie de la Hesse

Mais qui est-ce qui n'a pas de défaut ? Nous dira t-on. C'est vrai que nul n'a la perfection. Alors parlons tout simplement de ce qu'elle a et de la sensation qu'elle apporte à ceux qui la rencontrent ou passent par son chemin.

Il se sentent en sécurité sur le plan économique, ils éprouvent énormément de joie économiquement, ils sont prêts à faire le mille supérieur juste pour qu'elle puisse les accepter économiquement, ils pourraient cambrioler tout une caserne juste pour pourvoir vivre au milieu d'elle.

Qu'est ce que les gens ne ferait pas pour arriver dans ce land de la Hesse et parvenir à accéder aussi à cette ville de Francfort dont nous pouvons rappeler un tant soit peu les mérites.

Quatrième place financière et troisième ville d'affaires d'Europe, ville très riche d'Allemagne. Siège de la Banque centrale européenne, du nouvelle organisme européen de Supervision bancaire, de la Banque Fédérale d'Allemagne et de la bourse de Francfort. C'est un carrefour majeur européen. Son aéroport international est le troisième d'Europe. La ville se caractérise par un nombre important de gratte ciel.

Francfort est également une grande ville de salons et d'expositions, la troisième dans le monde.

L'économie de la Hesse

Francfort est considérée comme une ville mondiale de premier plan grâce à sa puissance économique, ses infrastructures et sa richesse culturelle.

Nous resterons à ces différentes appréciations, et, du fait de ces remarques, nous pouvons dire que, à un niveau humain puisque nous n'en sommes encore qu'à là, Francfort est un centre économique.

Mais allons plus loin et observons en profondeur ce centre économique et ayons les regards de personnes prudentes qui ne se fient pas à ce qui est dit et ce qui se voit mais qui prennent du recule et jettent les regards dans l'avenir.

Est-ce suffisant, pour tout le land de la Hesse, puisque c'est de cela qu'il s'agit, le fait que Francfort soit un centre économique ?

Est-ce vraiment le seul pôle ou la seule attraction économique majeure qui est capable d'éveiller les papilles économiques de ceux qui souhaitent faire grandir leurs finances ?

Il vrai que ce lieu est fortement bancaire et profondément dans la banque et c'est un avantage non négligeable vis à vis des investisseurs locaux nationaux et internationaux.

Sa force de frappe met en confiance tout le land et sa capacité à attirer donne au land beaucoup d'opportunités pour présenter d'autres activités ou d'autres domaines économiques sur lesquels il est possible de s'appuyer et faire tourner l'économie.

Mais face à une crise qui n'en dit pas son nom il est bon d'observer et de voir non pas les failles mais plutôt les moyens qui peuvent être mis en œuvre pour que tout le corps ne subisse pas un malaise plus grave.

Comment un centre économique peut-il ou va t-il pouvoir s'en sortir quand la tempête viendra à frapper fort tout le land ou même tout le pays ?

Existera t-il encore un centre économique ? Existera t-il encore un land au milieu

L'économie de la Hesse

duquel l'on a une belle industrie ou un beau secteur bancaire ?

Les regards d'aujourd'hui vis à vis de cet endroit seront t-ils pareils ?

Ne vont-ils pas aller voir ailleurs ?

Resteront-ils fidèles au passé de la Hesse et à ce centre financier qu'est Francfort ?

Vont-ils se focaliser sur ce que ce territoire avait été pour continuer à vouloir s'investir là ?

Plusieurs royaumes ou territoires qui dans le passé avaient eu du succès ou dont l'économie était forte ont après avoir subi une forte dégradation de cette économie perdu toutes leurs amitiés, tous leurs compagnons, tous leurs partenaires et tous ceux qui commerçaient ou venaient partager les revenus qui se déployaient en eux.

Ces royaumes ou territoires sont restés comme seuls, perdus, comme des cimetières, des lieux où personne ne passe et que personne ne regarde plus et ce jusqu'à ce jour.

Ces modèles ou ces exemples économiques doivent beaucoup attirer notre attention et faire naître en nous la prudence et la sagesse dans la manière de concevoir ou de bâtir notre économie.

Parler d'économie lorsque tous cherchent à en faire est quelque chose de délicat surtout quand tous cherchent la voie ou la meilleure économie qui puisse se faire ou se mettre en application.

En réalité ou si vous voulez en vérité, il faut savoir quand développer une économie, et d'abord avoir fait un choix ou avoir une base sur laquelle s'appuyer pour cultiver cette économie.

C'est à l'image d'un fermier ou d'un cultivateur qui veut cultiver une terre mais bien avant a besoin d'avoir une terre et choisir la culture qu'il souhaite entreprendre ou cultiver sur cette terre.

Nous pouvons aussi dire que c'est comme un éleveur qui veut faire de l'élevage mais

L'économie de la Hesse

avant doit avoir une ferme ou un endroit où faire son élevage mais aussi choisir le type d'animaux qu'il souhaite élever.

Tout commence par un choix et c'est ce choix que nous essayons de proposer de par nos dires.

Proposer un choix ne se base sur aucun principe mathématique ni aucun socle qui puisse se calculer. Cela ne dépend pas d'un calcul quelconque mais juste de l'observation. Mais qu'observe t-on et comment observe t-on ? Cela aussi s'explique difficilement mais pour faire simple les propositions s'appuient sur des dons et des talents particuliers et spécifiques. Il n'y a pas de réflexions existantes basées sur des calculs qui puissent apporter solutions économiques possibles.

Certes lorsque nous avons fait le choix, les calculs et les réflexions commencent à prendre leur place et même là encore tout est une question de talent. Parce que vous ne pouvez pas oser proposer un taux ou un pourcentage qui au lieu de permettre à cette économie de demeurer va après dix vingt ou trente années la plonger dans le plus bas niveau et même la réduire à néant.

C'est pour cela qu'il ne faut pas confondre les calculs financiers ou tout autre réflexion et la vison économique.

La vision économique c'est proposer de s'investir ou d'investir soit à gauche lorsque tout le monde pourrait aller à droite.

La vision économique c'est proposer de s'engager ou d'engager lorsque tous se désengagent ou désengagent.

La vision économique c'est payer lorsque tous souvent décident de ne pas payer.

La vision économique c'est ne pas racheter lorsque tous rachètent.

La vision économique ce n'est pas suivre la masse mais c'est suivre un chemin, son propre chemin pour devenir tout simplement une économie et un centre économique.

L'économie de la Hesse

Choisir son économie

Choisir son économie, c'est choisir la manière dont vous voulez ou souhaitez rester à compter de maintenant jusqu'aux décennies ou aux siècles à venir.

C'est décider de ce que vous devez être et ce que vous souhaitez être de manière durable. Est-ce un choix d'économie le fait que vous soyez artiste, physicien, transporteur, ou sportif durant une longue période ? Oui c'est un choix d'économie. Vous pouvez aussi vouloir ne pas être ceci ou cela durant une longue période c'est aussi un choix économique.

Le choix économique dépend de vous et de personne d'autre. Le choix économique vient de vous et de personne d'autre. Certes il y a des influences qui peuvent intervenir dans votre choix mais celui-ci vous revient personnellement.

Vous pouvez aussi être conseillé ou avoir des propositions tel que nous vous les présentons mais là encore la décision vous revient.

Un choix est important dans la vie de toute personne. Un choix est primordial dans l'existence de chaque être humain. Ces choix s'opèrent et doivent s'opérer à des moments décisifs de leur existence ou de leur parcours. Ces choix viennent changer le cours de l'histoire de leur vie, change la personnalité qu'ils étaient, modifie l'image qu'on avait d'eux, les rend beaucoup ou même peu crédible et permet de les voir sur un jour nouveau.

C'est de ce jour nouveau qu'ici nous venons inciter ce land à toucher et à embrasser. Mais là encore, il faut un choix.

Il est nécessaire de pouvoir faire un choix, même si cela coûte ou même si cela engage d'énormes risques, lorsqu'on veut changer de manière positive surtout au niveau économique.

11

L'économie de la Hesse

Un choix pour passer d'une économie à une autre, d'un investissement à un autre, d'une richesse à une autre et/ou d'une ressource à une autre en pesant les pour et les contre, ce qui ne change en rien et ne garantit en rien le succès ou la réussite ou l'échec.

Nous ne sommes pas en train de dire que lorsque nous faisons des propositions, et qu'elles vous semblent être faisables et que vous vous engagez, qu'il est possible que cela échoue. Non, nous ne sommes pas en train de dire cela.

Nous disons que le choix que nous proposons ou que nous essayons de présenter n'est pas sans risque majeur mais à notre point de vue, il peut être expérimenté et reste à notre avis meilleur pour la santé économique futur de ce land allemand.

Des choix, tous les länder doivent en faire et ce land de la Hesse ne doit pas être le seul à en faire. Chacun de ces États de la République Fédérale d'Allemagne a son canevas qu'il doit connaître ou découvrir et qu'il devra choisir.

Le choix dans tous les cas s'impose à tous qui qu'ils soient ou quelque soit leur niveau économique actuel. Que l'économie soit en train de monter ou en chute libre, pour parvenir à avoir une économie forte et solide mais surtout qui ne va pas s'ébranler d'ici peu ou se détériorer avec le temps, il faut faire un choix. Un choix consciencieux, un choix pour l'avenir, un choix pour le future, un choix pour passer à une autre sorte d'économie qui ne sera pas celle sur laquelle tous ont les regards et investissent sans regarder à l'horizon l'économie dans laquelle il faut s'investir.

Le choix peut se faire juste dans l'optique de diversifier son économie mais le meilleur choix serait de se concentrer sur un choix qui représenterait le pilier central de votre économie.

Votre choix est important dans ce que deviendra votre économie ou le visage qu'aura votre économie dans les années qui viennent.

L'économie de la Hesse

Vous serez soit le précurseur ou l'initiateur de votre décadence ou de votre élévation. C'est pour cela qu'avant de vraiment s'attaquer à ce domaine qu'est l'économie, il faut vraiment vous assurer que vous avez un talent fou ou un don caché lié à l'économie.

Il faut peser les pour et/ou les contre et il faut se décider.

Le résultat de votre choix ne va pas dépendre du fait que vous ayez examiné ou non en amont les différents risques majeurs ou avantages. Peu importe ce que vous ferez ou aurez à faire, votre choix aura des résultats et ces résultats ne seront en rien le fait que vous ayez fait le bon choix mais tout simplement parce que le choix que vous auriez fait est celui dont vous aviez besoin sans savoir que vous en aviez besoin.

Le choix d'aller dans une direction et non dans toutes les directions est important. Même dans une partie de chasse, lorsque nous sommes en train de poursuivre du gibier, il est plus facile et moins difficile de pouvoir se saisir d'un gibier en se concentrant sur lui que de chercher à se saisir de tous.

Faire un choix sur le plan économique nous permet de bien nous situer ou de bien nous différencier des autres et/ou d'avoir une renommée. La renommée n'est pas le fait que nous soyons comme mais la renommée est le fait que nous soyons, tout simplement.

La Hesse a encore de la vie devant elle mais jusqu'à quand ? La Hesse a encore de l'énergie à revendre mais jusqu'à quand ? La Hesse peut encore compter sur son économie actuellement et principalement sur cette influence du au fait que les banques ont les regards ou le désire de se trouver une place en elle, mais jusqu'à quand ?

Se saisir d'un nouveau choix ou d'une nouvelle opportunité pour faire un nouveau pas qui permettra de la distinguer et de faire de la Hesse la plaque tournante dans tel ou tel domaine est ce dont il s'agit ici.

L'économie de la Hesse

Personne, s'il veut rester durant des décennies ou voire des siècles, ne s'oriente dans un domaine sans le faire de toute son énergie ou de toute sa pensée.

Et pour pouvoir faire une chose ou accomplir une chose à ce niveau, à cette hauteur, il faut au préalable faire un choix. Un choix de vie, un choix de marche, un choix de communication, un choix de nom, un choix d'appellation.

Lorsque vous irez dans un région du monde ou l'on a en particulier développé une culture depuis des générations et des générations, vous apprendrez que ce lieu porte l'appellation de ce qu'il sait faire ou fait depuis des décennies. Et lorsque vous vous renseignez auprès d'un personne au sujet de cette région, elle vous donne tout de suite la localisation, et toutes les brèves informations mais utiles et nécessaires pour vous y rendre mais pour aussi faire connaître davantage cette région. Tel est le résultat ou les avantages ou encore la force qui résulte du choix que nous faisons.

Choisir c'est partir sur un terrain certes pas nouveau mais sûr et qui nous permet d'avoir des résultats forts et grandioses.

Le choix de la Hesse va sûrement et certainement lui donner d'accomplir au-delà de ce qu'elle a toujours accompli.

L'accomplissement ne dépendra pas de la force de la Hesse ou de ce qui est dans la Hesse ou en la Hesse, mais l'accomplissent va dépendre du choix que fait ou que décide de faire la Hesse.

Pouvoir accomplir là où personne ne peut ou n'arrive à accomplir est ce que la Hesse fera.

La Hesse accomplira et s'accomplira afin que s'accomplisse ce que la Hesse devienne, ce qu'elle a toujours été et sera encore, un land qui s'accomplit et qui permet aussi aux autres de s'accomplir.

Parler d'accomplissement ne dépend pas du bon vouloir de tous ou de la capacité de

L'économie de la Hesse

tous mais seulement de ceux qui en sont les maîtres ou qui en maîtrisent les rudiments.

Maîtriser ou connaître une manière de faire, alors suffit-elle pour pourvoir prétendre être une économie en marche pour un long parcours ? Non. Il faut au-delà des talents et/ou autres dons pouvoir tout simplement choisir pas quoi nous devons être et qui nous devons être mais qui nous devons représenter à nos propres regards mais aussi aux regards de tous d'un bout à l'autre de l'Allemagne et d'un bout à l'autre du monde. Choisir pour la Hesse sera le choix pour une économie qui lui rendra la pareille et qui saura lui rester fidèle encore pour très très longtemps.

L'économie de la Hesse

Les banques sur tout un land

Que dire lorsque nous sommes forts et reconnus pour une qualité ou pour un secteur qui nous est propre sur toute la terre qui est notre mère, l'Allemagne, et sur tout le territoire qui est notre zone de prédilection et les eaux dans lesquelles nous savons nager, l'Europe. Que dire de plus si ce n'est : nous n'avons pas eu la chance mais nous avons choisi de faire de la banque.

Mais est-ce que vraiment la Hesse peut se dire qu'elle a fait ce choix ou est-ce le choix de l'un de ses enfants en l'occurrence Francfort ?

La Hesse peut-elle dire ma maison c'est la Banque et je suis la banque d'ici et d'ailleurs ?

La Hesse peut-elle dire que c'est chez moi que vous trouverez de la banque si vous cherchez depuis l'Allemagne jusqu'en Europe et dans toutes les nations du monde ?

La Hesse a t-elle vraiment choisi comme destination finale et continuelle la Banque ou ça été et c'est pour elle juste une expérience qui s'est bien déroulée ou a été un avantage au milieu d'elle ?

Ce choix, nous espérons qu'elle l'ait fait sinon nous lui dirons haut et fort : Hesse soit le banquier des nations et ne te prive pas de faire ce choix. Voilà ce que nous disons pour la Hesse et elle peut y arriver et même surprendre plus d'un .

Le fait de faire ce choix de manière totale et non en partie, de manière pleine et sans réserve et sans se freiner dans son engagement donnera un bon fruit non seulement à la mère patrie l'Allemagne mais aussi à toutes les régions d'Europe et pourra aussi donner de son fruit aux nations dans le monde.

Un choix doit être fait et non pas deux même si un deuxième choix peut être comme notre canne qui nous sert à marcher ou nous tenir sur nos pieds.

L'économie de la Hesse

Mais restons alors sur ce premier choix qui est la Banque et qui doit se déployer de manière totale sur tout le land de la Hesse.

La banque de tout temps ou depuis qu'elle existe quelque soit sa forme a été appréciée des uns et des autres et est intervenue fortement dans l'économie. La banque n'intervient pas seulement pour l'économie de la Hesse mais pour tous les États fédéraux et aussi au-delà.

La banque sert, la banque donne, la banque ouvre, la banque ferme quelques fois, la banque trace le chemin, la banque donne le signal, la banque rend le sourire, la banque rafraîchit le visage...

Nous ne sommes pas en train de faire l'éloge monétaire ou financière soyons bien d'accord mais nous disons que se plaire dans son choix est la chose la meilleure surtout quand son choix est un très bon choix.

Partir d'une ville ou d'un centre financier pour pourvoir être une la Hesse financière voilà ce que nous donnons comme chemin.

Mais est-ce un chemin sûr ? Nous dira t-on. Dans un choix, surtout celui de l'économie c'est tout simplement un choix et cela ne se mesure pas, ou si vous voulez les fruits ne peuvent pas se mesurer ou l'assurance que cela réussira ne se mesure pas et ne peut se peser. C'est tout juste un choix influencé certes par ce que l'on a entre les mains mais et surtout par une observation talentueuse et un don affiné qui découvre là où personne ne veut découvrir ou n'a envie de découvrir ce qui est caché et introuvable. Voici ce que nous pouvons dire de ce qu'est le choix qui doit s'opérer.

La banque est un bon choix pour la Hesse et un meilleur choix pour la Hesse . Ce n'est pas le meilleur choix pour la Hesse parce que la Hesse a de l'expérience dans le domaine ou parce qu'elle a eu du succès dans le domaine ou a du succès dans le domaine ou est reconnue dans le domaine mais parce que tout simplement c'est ce

L'économie de la Hesse

que la Hesse est : Un territoire de banque.

Donc tout la Hesse est une banque et un peuple de banquiers et de banquières ? Oui, pour être plus direct, et pour aller plus loin même les tout-petits sont des banquiers et banquières en devenir.

Avez-vous déjà été dans une contrée ou tous sont une armée et une puissante armée depuis le roi jusqu'aux chefs, des chefs jusqu'aux hommes, et des hommes jusqu'aux femmes ? Ce que vous constaterez c'est que même les tout-petits sont aussi des guerriers et ont une manière de faire de guerriers.

Lorsque vous rencontrez une lièvre dans une forêt et que vous rencontrez des heures plus tard une autre lièvre et que des heures plus tard vous rencontrez une autre lièvre mais cette fois un tout-petit, vous constaterez une seul chose : Que tous se ressemblent en fait ; du plus petit au plus grand.

C'est pareil pour la Hesse. Comment peut-on arriver sur le territoire de la Hesse et vouloir traverser tout ce territoire et ne pas voir de banques ou ne pas pouvoir voir les banques si ce n'est qu'à Francfort ?

Pourquoi ne pas voir dès que vous rentez dans le territoire, à l'entrée du territoire, les premières banques ? Pourquoi ne pas être dans cette optique ? Pourquoi vouloir être comme et ne pas avoir une spécificité ?

Quand vous arrivez dans la région du nord-est de la France —et nous utilisons beaucoup ce exemple pour montrer un temps soit peu ce pourquoi il est nécessaire d'être particulier— ,dès vos premiers pas dans la région, vous sentez la présence des vignes, vous ressentez l'air du champagne, vous commencez à éprouver une sensation particulière, une sensation qui est que ce territoire est particulier et ce depuis longtemps et n'a pas changé et n'a pas pris de rides et n'est pas prêt d'en prendre. Elle ne perd pas ce qu'elle est, elle ne se prive pas d'être et de montrer ce qu'elle est, elle

L'économie de la Hesse

n'a pas peur et ne doute pas de l'effet qu'elle fera a tous les passants et elle est sûre de ce qu'elle a choisi : le Champagne. Voici la région du nord-est de la France.

C'est ainsi que la Hesse doit pouvoir se démarquer des autres et là nous ne parlons pas de concurrence mais plutôt de particularité.

La spécificité est déjà une concurrence et déjà une force, pas besoin de faire de la communication à longueur de journée ou quoique ce soit. Les gens et les peuples et les populations viendront de bouche à oreille vous visiter, vous voir, profiter de vos bien fait et négocier et acheter et vendre au milieu de vous.

Être un banquier sur le plan régional et reconnu tel sur le plan national et mondial, est préférable qu'être un territoire sur lequel une ville représente ce que nous sommes.

Arriver dans une région et dire voici où je vais investir mon gain, voici où je vais déposer mes gains, voici où je vais faire fructifier mes gains, voici où je vais donner à mes gains de la valeur, voici où je vais pouvoir marcher la tête haute parce que c'est sûr que je trouverai une panoplie de banques prêtes à faire bouger mes finances, est la chose dont nous parlons et essayons de faire accepter.

Ce n'est pas facile de faire ce choix d'être totalement et entièrement ce que nous sommes puisque cela demande de la force morale mais aussi physique et cela demande aussi de fermer beaucoup les yeux sur ce que vous vouliez chez vous qui en réalité est mieux développé par votre voisin de la gauche ou de la droite.

Choisir de faire la banque sur tout le land évidement ne ferme pas la porte à d'autres investissements ou d'autres économies mais nous sommes en train de parler de celle qui lorsque toutes les économies vous lâcheront vous restera fidèle : l'économie bancaire de la Hesse.

Oui telle est la version qui serait mieux appréciée et mieux appréciable et encore plus, qui donnera de pousser l'économie à un niveau très très élevé.

L'économie de la Hesse

Pourquoi aller investir dans tel et tel pays si nous avons de la banque dans toute une région ?

Pourquoi décider de fructifier autre part ce que nous gagnons ou avons gagner durant des années si en la Hesse nous pouvons pleinement et de manières diverses mettre notre argent et tout ce que nous avons gardé en sûreté et au travail ?

La Hesse a ce choix devant elle et doit observer ce que ce choix pourrait lui apporter.

Pourquoi chercher à courir après les visiteurs ou les touristes lorsque d'eux mêmes chaque année, chaque mois, ou à chaque occasion, ils courront pour venir non pas seulement investir, mais visiter la Hesse à cause de ce qu'elle a d'appréciable : son économie ou son secteur bancaire.

La banque, la banque , la banque, voici ce que chercheront à voir tous.

La banque, la banque la banque, voici ce que désireront tous.

La banque, la banque, la banque, voici ce que tous viendront chercher en la Hesse.

L'économie de la Hesse

L'agriculture un moyen de paiement

Plusieurs régions ou villes ou länder peuvent être limités à avoir une seule économie sur laquelle doit se porter leur choix et c'est ce dans quoi ils se développeront et deviendront une économie.

D'autres régions ou villes ou nations ou États quand à eux doivent en plus de l'économie principale avoir un économie en secours et là nous ne parlons pas de diversifier l'économie, mais nous sommes toujours dans la lancée de choix à faire pour devenir une économie digne de ce nom et être reconnue par sa marque de fabrique.

C'est ainsi que d'autres s'orienteront dans la communication, tandis d'autres se retrouveront dans l'énergie, d'autres iront dans l'agriculture et d'autres dans le domaine de la pêche etc.

Récapitulons concernant la Hesse. Nous avions proposé ou affirmé que ce land devait être prompt à s'engager dans les banques au niveau du land entier. Mais comme nous venons de le souligner, la Hesse étant un land particulier, il est pour elle nécessaire d'avoir comme roue de secours un autre secteur qui nous le rappelons encore n'a rien avoir avec la diversité d'activités qu'elle peut ou veut développer à coté de l'économie principale ou du choix principal.

Ce secteur est l'agriculture et principalement le blé.

L'économie de la Hesse

Le territoire de la Hesse n'est pas vaste et ça n'a jamais été une terre agricole ou d'agriculture, dira t-on.

Mais existe t-il une économie ou une terre déjà faite pour une économie bien précise ou plutôt des choix qui sont faits et font que la terre ou le territoire devient une terre apte à pouvoir développer différentes activités ?

Alors c'est possible et même c'est plus que possible. Cela étonnerait plus d'un de voir le land devenir leader dans un domaine qui à vu d'œil n'était et ne devait pas être le sein.

Parlons un peu de sport notamment de football et précisément d'une équipe, celle du Brésil. Nous précisons que ce n'est pas dans l'optique de promouvoir quoi que ce soit ni qui que ce soit mais juste parler d'économie concernant la Hesse.

Alors, lorsque le brésil s'engage dans les championnats mondiaux de football, nous constatons et voyons qu'ils sont souvent parmi les meilleurs et même les meilleurs or pourtant il n'est dit nulle part que le Brésil ait crée le football ou ait été la terre sur laquelle le football a toujours été pratiqué. Nous voyons que cette terre ou ce territoire ou ce pays a épousé fortement et pleinement la chose à telle enseigne qu'elle est devenue comme un secteur où tous même les plus petits veulent intégrer.

Voici ce qu'il faut comprendre et saisir lorsque nous disons qu'une terre qui n'a jamais été dans un domaine bien précis n'est pas forcement appelée à ne pas l'être. Mais si ce domaine est son domaine, il va s'en dire qu'elle sera ou serait capable de transgresser toutes les lois défaitistes et pernicieuses qui viseraient ou pourraient l'emmener à ne pas voir que c'est tout à fait possible.

La Hesse grandit de jour en jour mais sa croissance est-elle à la hauteur de ses attentes ou de ce que cela doit être ?

Beaucoup a été fait et reste à faire mais voyons et comprenons ensemble que plus que

L'économie de la Hesse

nous pouvons le penser ou croire reste à faire et doit être fait pour que la Hesse soit et devienne la Grande Hesse. Pourquoi ce mot grand ? Tout simplement pour faire la différence entre celle qui autrefois était vue comme le lieu où en son sein existait une industrie bancaire notamment Francfort mais un espace nouveau où depuis un bout à l'autre de la Hesse pilulent des banques à n'en point finir et l'agriculture(le blé de qualité) qui rappelleraient à tous ceux qui y viendraient qu'en Hesse non seulement c'est la banque mais c'est aussi des hommes et de femmes qui vivent et font de bons choix

Existe t-il une question qui pourrait nous empêcher de comprendre que la Hesse peut et en est capable ? Non. Tout est entre ses mains. Veuille seulement qu'elle fasse le choix.

Redisons-le encore qu'il y a une multitude d'affaires ou de secteurs dans lesquels il est possible de s'investir mais un seul est nécessaire pour faire d'une terre la terre et donner à une terre un nom et cela passe tout simplement par un choix et rien d'autre.

Choisir d'être une Hesse forte passe par ce qu'il y a de plus naturel, un choix économique.

Mais quelle économie ? Le choix de vivre de banque et de l'agriculture (de blé de qualité).

La Hesse peut-elle vraiment se lancer dans cette sorte d'économie ou dans ce chemin ? Les banques, encore, nous pouvons essayer de nous y engager mais l'agriculteur difficile ! Direz-vous.

Pour voyager en avion ou se déplacer en avion, la première personne qui avait cru que cela était possible a été elle même surprise de se retrouver dans les airs après plusieurs tentatives et travaux acharnés.

Lorsque j'ai eu la vision ou la pensée d'écrire, soyez informez que je ne fréquentait ni

L'économie de la Hesse

des écrivains et ne songeait ni à l'écriture et je n'avais aucun projet d'écrire ou même envie d'écrire. Mais lorsque ce choix m'a été proposé, je me suis engagé après avoir titubé un peu de temps et après j'ai commencé à voguer comme sur des eaux sans jamais m'arrêter. Vous savez, lorsqu'une chose vous attendait depuis longtemps et vous sied et est à vous et que vous êtes capable de faire le mille supérieur lorsque les autres peinent à faire ne serait-ce qu'un dixième, vous devenez une économie, tout simplement. Or une économie peut faire vivre et a vocation à emmener à la vie plusieurs autres économies et c'est ce que nous sommes en train d'essayer de mettre en pratique et de faire pleinement.

Économiser dans un secteur nouveau est très improbable surtout lorsque vous n'avez jamais été porté ou prêt à vous engager ou vous plonger dans cette activité là.

Mais au fur et mesure que vous avancez, vous découvrez que c'est facile et que rien ne peut vous arrêter et même vous commencez à parfaire et à chercher à vous diversifier dans ce que vous savez votre.

Nous ne disons pas que d'autres ne sont pas habilités à s'investir dans le domaine mais nous vous parlons de la première place qui doit ou devrait vous revenir. Il y a plusieurs coureurs dans une course mais à la fin de la course, tous ne sont pas premiers, pourtant tous sont des coureurs. Tous peuvent investir dans votre domaine de prédilection ou le choix que nous vous disons mais tous ne sont pas capables de faire les exploits que vous ferez et les merveilles que vous emmènerez à l'existence.

Pourquoi précise t-on existence ? Parce que n'oublions pas que nous sommes dans un domaine qui permet à des âmes et à de nombreuses âmes d'avoir la vie : l'économie.

L'agriculture est forte quand celui ou celle qui fait l'agriculture est fort(e) ; l'agriculture prend de l'ampleur lorsque celui ou celle qui la fait prend de l'ampleur ; l'agriculture prend de la taille lorsque celui ou celle qui la fait prend de la taille.

L'économie de la Hesse

Ce n'est pas lorsque l'agriculture est forte que vous devenez fort loin de là. C'est plutôt le contraire puisque sans vous il n'y a pas d'agriculture mais sans agriculture il y a vous or tant qu'il y a vous l'agriculture peut être.

Permettez-moi de vous dire que la Hesse peut. Et elle peut même au-delà de tous les pronostiques qui se baseraient sur des calculs ou des raisonnements humains qui depuis n'ont pas emmené et incité cette belle terre à se lancer dans la banque et son domaine second, le blé, de manière effrénée.

Participons ensemble à la mise en hauteur et en forme de nations et de territoires.

Il n'est pas mauvais de vraiment pousser l'autre dans ses retranchements et faire naître de lui ce qui est meilleur pour lui et pour toutes les nations dans le monde.

La Hesse doit se tenir debout dans ses quartiers et commencer à bâtir la Hesse que l'on regardera d'Est en Ouest, du Sud au Nord.

Alourdir l'économie par la concentration de nos énergies sur une surface réduite de toute la surface qui nous est échue n'est fait que pour nous emmener à devenir ce que nous ne devons pas devenir ou à rester ce que nous ne devons pas rester.

Pourquoi rester la Hesse d'aujourd'hui dans plusieurs années et ne pas devenir la Hesse d'aujourd'hui qui a grandi dans plusieurs années ?

Aimeriez vous que votre enfant ou vos enfants gardent la même taille, la même réflexion, la même force, la même forme ou la même beauté qu'ils ont actuellement durant toute leur vie ?

Ne voudriez vous pas que votre enfant puisse aller à l'école, apprenne à parler, à se conduire et un jour à conduire la capitale et le land de la Hesse, les villes et autres villages, à être dans ce qui est mieux pour eux ainsi que pour tout le territoire ?

Si, vous aimeriez et même tous autant que nous sommes nous l'aimerions.

Alors si l'on vous proposait de faire des choix pour parvenir à ce but, refuseriez

L'économie de la Hesse

vous ?

Si l'on vous parlait d'une solution ou d'un chemin pour parvenir à ces résultats, hésiteriez vous ?

Aucun père ni aucune mère d'ailleurs ne ferait cela. Tous accepteraient pourvu que l'enfant devienne grand, et c'est de cette grandeur dont nous parlons et essayons de communiquer le chemin qui pourrait y conduire la Hesse.

Le plus ancien des secteurs, l'agriculture n'est pas le moins rentable des secteurs ni le secteur le plus moche ou encore le secteur le plus démodé, quoi que la mode ne soit pas un signe d'économie florissante et l'économie florissante une mode.

La mode comme nous le savons tous se démode. Alors où est l'économie lorsque nous poursuivons la mode et que nous n'avons pas les capacités ni les talents nécessaires à l'alimentation de celle-ci ? La Hesse ne doit pas regarder ses voisins ou l'un de ses voisins pour pouvoir faire ses investissements en tant que terre d'économie mais elle doit se focaliser sur son choix et le choix que nous lui tendons c'est les banques et le blé de qualité comme second. Pourquoi un moyen second ou de recours ? Ce n'est pas parce que la banque n'est pas crédible ou que le choix de la banque ne soit pas un choix crédible mais c'est parce que la Hesse qui est une économie différente de tous doit fonctionner tout simplement ainsi.

En plus de cela, elle peut devenir, ce deuxième choix, un apport et une assurance pour sa banque et ses peuples.

Agriculture est égale à ancienneté et durabilité.

Agriculture est égale à ce qui restera quand tout sera foutu et n'aura plus de goût ou d'issu.

C'est pourquoi ce choix est le second plan à tenir entre les mains.

L'économie de la Hesse

Un territoire émergent et d'influence

Tout territoire et toute terre a une économie et des ressources personnelles qui lui sont utiles pour être une source de bénédiction pour elle même et pour les autres .

Émerger et influencer et/ou être une territoire émergement et/ou influent est tel que les mots l'indiquent une action crescendo qui monte et qui monte et qui atteint des hauteurs.

Émerger ou percer nous permet d'être au centre de toutes les attractions et le centre de tous les débats et toutes les envies.

Comment émerger ou comment percer ? Il faut là encore un choix et/ou une décision. Dans ces deux cas il faut comme nous l'avons dit un choix et ce choix nous l'avons déjà dit c'est de pouvoir pour la Hesse être la banque et l'agriculture (de blé) et non pas un land qui en son sein a une industrie bancaire connue.

La Hesse doit en plus de son choix, aller plus loin en perfectionnant le choix qu'elle aura fait plus précisément en travaillant à l'émergence et à son action d'influence.

Émerger en tant que terre en République Fédérale d'Allemagne et partout en Europe dans le secteur qui sera le sein sera très important pour l'économie de la Hesse.

Émerger suffit à doubler, à tripler, à quadrupler, à quintupler le niveau économique de la Hesse.

Mais nous ne pouvons pas émerger si nous ne sommes pas à la pointe de la science et à la pointe des recherches.

Rechercher et chercher, afin de sortir de l'endroit ou du niveau ou nous sommes, peut prendre du temps à se mettre en place mais lorsque nous sommes prêts à pouvoir être ce que nous avons choisi de faire, ou choisi d'être, nous pouvons nous donner les moyens et nous donner le courage de nous engager sans regarder aux différentes

L'économie de la Hesse

péripéties ou difficultés qui surgiraient.

S'engager dans la performance de nos activités ou de ce que nous choisissons est pour le devenir un choix meilleur que tout autre puisque nous gagnons en expérience, devenons mature, prenons de l'âge, prenons de la grandeur, devenons de plus en plus efficace, devenons de plus en plus présent et de plus en plus grand.

Personne ne peut dans son engagement à devenir performant être stoppé par le découragement ou par les inquiétudes du lendemain. Quand vous désirez ou voulez devenir performant dans un domaine vous ne considérez pas les vents contraires qui pourraient vous emmener à laisser tomber votre action ou à rebrousser chemin.

Manquer d'un membre et/ou ne pas avoir les yeux totalement en plein fonctionnement ou en bon état peut empêcher de faire beaucoup de choses et peut nous ralentir ou même nous emmener sur des voies qui ne sont pas destinées à nous aider à grandir ou à croître. Tel est le cas pour une personne qui n'a pas les moyens nécessaires ou qui ne se donne pas les moyens nécessaires pour pouvoir véritablement atteindre le but ou l'objectif fixé.

Pourquoi si nous avons la capacité de pouvoir atteindre un degré de performance très élevé ne pas en profiter. Si nous évoluons dans un domaine, autant en être les meilleurs. Autant travailler à émerger et pourquoi pas à influencer.

Émerger à un niveau où l'on peu influencer fortement et grandement.

Mais influencer pourquoi ? Influencer dans quel but ?

Celui qui peut influencer, qui sait influencer, qui a la capacité d'influencer est tout à fait capable d'orienter les choses à sa guise. Il peut dire aujourd'hui le soleil est vert et tout le monde le croit et le proclame aussi.

Lorsqu'il dit qu'il fait nuit même s'il fait jour, tout le monde pense qu'il fait nuit et le proclame.

L'économie de la Hesse

Lorsqu'il dit que l'économie ne sera pas de telle couleur, tout le monde pense que ce qu'il dit est tout à fait exacte et le croit aussi.

Vous devenez comme celui qui mène le débat.

Vous devez celui qui mène le débat.

Vous mener le débat bancaire et le débat dans le domaine de l'agriculture (le blé).

La Hesse est capable alors de pouvoir dire voici comment et pourquoi et où il faut investir et tout le monde depuis l'Europe du Nord, du Sud, de l'Est et l'Ouest suivront sans émettre de réserve parce que ce serait la Hesse qui aurait dit, voici ce qu'il faut et où et comment il faut pour pouvoir avoir des bénéfices considérables.

Tabler sur un élément et emmener tout le monde dans la même direction reste vraiment possible à ceux ou celles qui atteignent ce niveau c'est-à-dire qui émergent et deviennent une forte source d'influence.

Influencer pas pour faire perdre mais pour améliorer ; influencer pas pour tout prendre pour soi et non plus tout avoir pour soi mais pour que tous en bénéficient et reçoivent.

Lorsque vous êtes dans l'élévation, vous n'avez plus de raison de courir après l'élévation, et lorsque vous étés en bonne position, vous n'avez plus de raison de bondir après le positionnement mais vous travaillez à emmener les choses à être votre de manière parfaite et c'est le but de l'émergence et de l'influence. Amener toutes les choses que vous faites, tout le choix dans lequel se mettrait la Hesse, toutes les voies qu'emprunterait la Hesse à parvenir, à devenir pleinement sous son contrôle et pouvoir y puiser quand elle veut comme elle veut à sa guise sans que personne ne puise dire mot ou s'opposer.

Parfaire les choses lorsque vous détenez les clés est ce que nous voulons atteindre et emmener la Hesse à atteindre dans ce choix en s'engageant dans toutes les voix

L'économie de la Hesse

nécessaires à l'emmener à émerger et à devenir influente.

Comment influencer et comment parvenir à devenir une maison, un État, un land, une Hesse qui influence ?

La première des choses c'est de pouvoir choisir et faire un choix et se concentrer sur ce choix. Faire de ce choix votre choix et faire de ce choix votre domaine et votre décision ou votre avenir et votre devenir ou votre but le plus important que vous désirez le plus.

Nous influençons en deuxième lieu lorsque nous emmenons tous ceux qui sont avec nous notamment le peuple de la Hesse à épouser et à semer dans notre choix. Depuis les enfants jusqu'aux femmes ou jusqu'aux hommes et même les vieillards. Tous doivent être et vivre dans le choix qu'aura fait la Hesse.

La troisième chose ou le troisième moyen utilisé et/ou à utiliser, est la communication et tous les moyens de communication existant et/ou pouvant être crées ou développés ou être découverts ; et ces moyens sont divers. Nous avons les routes, les autoroutes, les voies ferrées, les voies aériennes, les télécommunications , les NTIC...qui serviront à faire connaître mais aussi à emmener le choix plus haut.

Ces trois domaines permettent de pouvoir influencer et être une influence dans son domaine et son choix.

Le chose qu'il ne faut pas ignorer c'est d'avoir toujours une relation avec son choix. Telle une relation avec son amoureux et/ou son amoureuse ou son époux et/ou son épouse.

Cela est important et nous ne venons pas dire que c'est le quatrième moyen mais la relation avec son choix est et doit être une chose qui est et qui doit être au commencent de tout et/ou au départ et demeurer constamment sans arrêt.

Faire l'amour avec son choix, être aux cotés de choix le matin comme le soir, tous les

L'économie de la Hesse

jours et toutes les nuits.

Le nettoyer, lui faire des bises, lui faire de grosses bises, ne pas le lâcher une seconde, ne pas s'en éloigner, et y puiser son eau et y boire de son eau.

L'économie de la Hesse

Un choix qui peut se diversifier

La diversité de ce que nous faisons ou de ce que nous disons est avantageux pour nous hisser là où nous espérons. Si nous espérons sortir, cela est possible ; et si nous désirons continuer, cela est aussi possible.

Tout dépend en fait de ce que vous êtes prêts soit à vous diversifier ou pas.

La diversité ou la diversification ou la multiplication est un élément naturel et inné chez l'homme et que tout un chacun possède et doit en principe pouvoir mettre en exergue et développer durant toute son existence. Mais lorsque nous observons aujourd'hui comment les uns et les autres se limitent à avoir plusieurs arcs au lieu d'envisager ou se projeter sur de nombreuses cordes pour leur arc cela est bien dommage.

Comment un individu qui a la capacité de se multiplier préfère plutôt avoir recours à des amitiés pour rendre sa diversité vivante ou présente. Il a été de tout temps vu ou constaté que les hommes et/ou les femmes se sont multipliés et/ou ont accru ce qu'ils ou elles possédaient entre leurs mains. Mais à ce jour cette manière de faire tend à disparaître. On préfère plusieurs types de légumes dans la corbeille au lieu d'un seul légume en plusieurs. On préfère plusieurs sortes de feuilles dans notre jardin au lieu d'un seul type de feuille en plusieurs. Et qu'est-ce que nous disons ? Tout simplement que se diversifier ce n'est pas aller chercher plusieurs éléments ou plusieurs objets mais c'est faire d'un élément plusieurs éléments ou d'un seul objet plusieurs objets.

Pour être plus clair, si vous avez un animal de compagnie notamment un lion et que vous voulez diversifier votre compagnie, ce que nous disons c'est qu'il ne faut pas aller chercher un chien, un cheval, un mouton, une chèvre et vous dire selon votre conception de la diversité que voici une diversité de compagnie. Non, ce n'est pas ça

L'économie de la Hesse

la diversité en tant que telle ou selon ce que nous disons ici. La diversité c'est de vous concentrer sur le lion et trouver une lionne si possible et après avoir trouvé une lionne, créer les conditions pour qu'ils aient des lionceaux et après cela, commencer à voir si vous pouvez ajouter parmi eux une autre catégorie ou un autre type de lion ou une autre race de lion différente de celle que vous avez déjà et ainsi de suite et ainsi de suite. Voici ce que c'est que la diversité économique. Car lorsque vous mettez ensemble en voulant diversifier votre compagnie un lion avec un chien, un cheval, un mouton, une chèvre, comprenez avec nous que cela devient dangereux pour toutes les espèces qui sont réunies ou que vous réunissez puisque tandis que d'autres essayerons de mordre, d'autres essayerons de donner des coups avec les cornes ou carment et là nous parlons du lion cherchera en votre absence à manger l'un des animaux. Et si vous durez longtemps avant de rentrer vous risquer de vous retrouver avec le lion seul parce qu'il aura passer toute la journée à dévorer tous les autres animaux.

Et qu'est-ce que nous disons ou que veut dire ce que nous disons là ?

Tout simplement se diversifier en économie ce n'est pas ce que nous avons entendu dire ou avons eu l'habitude de voir notamment être dans l'hôtellerie et en même temps dans la mécanique en temps dans le sport et en même temps dans les réseaux sociaux.

Nous pouvons compter ceux qui font ainsi et qui s'en sortent ou qui durent longtemps dans leur économie. Non, ce n'est pas cela la diversité économique ou se diversifier économiquement.

La diversité économique c'est tout simplement faire un choix et rendre ce choix aussi diversifié que possible. Si nous prenons comme exemple ce que nous proposons à la Hesse notamment la banque et l'agriculture principalement le blé, en principe la Hesse devrait se diversifier dans ces deux domaines et pas dans d'autres. On doit

L'économie de la Hesse

respirer et vivre banque et agriculture (blé) en Hesse. Tous les autres domaines ne doivent pas apparaître dans son espace. On ne doit voir que la banque et l'agriculture (blé). C'est de cela que nous parlons.

Écoutez, si vous voulez multiplier votre argent ou votre or ou votre diamant, allez-vous prendre du bronze et de la pierre et les ajouter à votre collection ? C'est de la folie. Vous risquez de vous retrouvez vraiment dans une confusion totale.

Vous êtes un chef d'État et pour diversifier votre habillement lors de vos différentes sorties en publiques vous décidez, hormis les costumes que vous avez, de porter des tee-shirts avec des culottes, des bodys et autres styles vestimentaires. Comprenons ensemble que l'on vous prendra pour une personne ou un chef d'État qui perd totalement la tête. Mais par contre vous pouvez avoir plusieurs couleurs et styles de vestes, plusieurs couleurs et styles de chemises et de différentes marques, de différents modèles. C'est cela la diversité économique.

Retournons un temps soit peu en France dans le nord-est de la France pour aller voir le champagne. Pourquoi sont-ils dans cette région française reconnus ainsi ?

Est-ce parce que le champagne est vraiment quelque chose de merveilleux ? Non, c'est tout simplement qu'ils ont travaillé et donné au champagne d'avoir plusieurs couleurs, plusieurs goût, plusieurs odeurs, plusieurs textures etc.

C'est cela la diversité économique.

Pourquoi aller dans tous les sens et en fin de compte n'être dans aucun sens ?

Quand vous faites un choix, vous vous diversifiez au maximum dans ce choix que vous faites et le multipliez. C'est cela la diversité.

Si la Hesse choisit de vraiment être dans la banque et dans l'agriculture (blé) comme nous le proposons ici, elle doit s'engager à multiplier sa banque et son agriculture (blé).

L'économie de la Hesse

On doit pouvoir avoir des banques diversifiées et du blé diversifié et de très bonne qualité.

Par exemple on peut avoir des banques spéciales pour enfants, des banques spéciales pour adolescents, des banques spéciales pour personnes adultes, des banques spéciales pour des personnes du troisième âge... Nous ne parlons pas de produit(s) mais de banques ce qui est tout à fait différent.

Il peut y avoir des banques pour animaux de compagnie, il peut y avoir des banques pour le bétail, des banques pour diverses sortes de visons et de visées.

Écoutez, il est possible de se diversifier dans un domaine et être le meilleur et donc être une économie de la Hesse.

La reconnaissance ne vient pas parce que nous jouons à la fois au football, au tennis, et nageons, et dansons, et chantons et tout à la fois. Mais la reconnaissance arrive lorsque dans notre choix nous nous diversifions.

Admettons que vous êtes artiste chanteur et que vous voulez vous diversifier, qu'allez-vous faire ou que devez-vous faire ? Allez-vous aller pendant que vous chantez faire de la moto ? Allez-vous aller pendant que vous chantez faire de la politique ? Non. Vous passerez comme du vent. Ce qui serait plutôt avantageux pour votre économie c'est de pouvoir être un artiste chanteur, artiste écrivain, artiste réalisateur, artiste producteur, artiste conteur, artiste danseur etc. et alors là vous commencerez à être une économie forte qui restera après vous.

Lorsque vous faites un choix, vous devez délaisser les autres choix pour être efficace ou vous devez ne plus trop vous investir dans les autres choix pour pouvoir être efficace. Ce n'est pas une création nouvelle ou un système nouveau mais tout simplement ce qui a toujours été et qui sera encore.

Si une personne est dans la politique et qu'elle veut se diversifier dans la politique et

L'économie de la Hesse

qu'une autre fait du cirque tout en faisant de la politique, lorsque les deux se mettront en campagne pour briguer un poste ou un mandat présidentiel ou autre, la personne qui s'est diversifiée dans la politique aura plus d'avantages et d'opportunités et sera dans une vision de victoire pas pour un seul mandat mais pour plusieurs mandats et aura encore d'autres cordes à son arc tandis que celle qui à la fois fait de la politique et du cirque sera tout le temps emportée par toutes sortes de vents violents. Pourquoi ? Parce qu'elle est instable.

Rendre ses choix multiples et multiplier les choix sont deux choses différentes et opposées. L'une aide à devenir une économie de la Hesse et l'autre aide à devenir une économie parmi tant d'autres.

Que faut-il alors faire et que faut-il entendre dans ce que nous disons ?

Lorsque la Hesse choisit une économie et nous le souhaitons et c'est une chose que nous conseillons, elle ne doit pas se dire qu'à coté elle va encore avoir plusieurs économies à développer et pourvoir devenir la Hesse la banque, la Hesse le blé.

L'économie de la Hesse

Un territoire qui prend ses marques et
devient un pays dans un pays

Un pays dans un pays. Surtout n'en soyez pas troublés, ce n'est pas une séparation ou un conseil pour diviser mais plutôt pour bâtir et construire solidement une terre : La Hesse.

Un pays ne devient pas un pays parce qu'on a juste des villes et des villages, parce qu'on à juste des régions ou des quartiers, parce qu'on a juste des forêts ou des eaux ou des montagnes ou des vallées ou des plaines ou des lacs ou des lagunes ou des rivières ou des océans ou des mers ou de la terre.

Un pays devient un pays parce que des hommes et des femmes ont fait le choix et ont eu la volonté de parvenir à atteindre cet objectif.

Or pour atteindre cet objectif qui n'est pas facile et qui reste vraiment difficile à gérer, il faut bâtir petit à petit et il faut avancer pas à pas.

Quelle nation s'est bâtie du jour au lendemain et a eu de la longévité ou a résisté face aux difficultés ? Aucune.

C'est pourquoi bâtir étape par étape est très important pour devenir une terre, un pays.

Il faut prendre ses marques pour ou afin de donner vie à la vision, il faut prendre ces marques pour donner vie à la parole qui se trouve au fond de la pensée de la Hesse.

Et quelle est cette parole ou ce désir ?

Est-ce de devenir un pays, une entité forte au milieu d'une République Fédérale d'Allemagne solide ?

Est-ce de devenir un pays au milieu de ce pays ? Une administration au milieu de cette administration ? Une économie au milieu de cette économie ? Une nation au milieu de cette nation ?

L'économie de la Hesse

Partout où nous rencontrons des hommes ou femmes de la Hesse, est-il possible de faire la remarque ou les reconnaître ?

Par quoi reconnaît-on ce peuple de la Hesse ? Par quoi reconnaît-on cette population de la Hesse ?

Par la langue ? Par leur travail ? Par leur manière de se tenir ? Par leur ouverture à une nouvelle chose ? Par leur réactivité face à un conseil ?

Par quoi sont-ils reconnus comme étant de la Hesse ?

Par quoi peut-on ou comment les reconnaît-on comme tel ? Par leurs yeux ? Par leur voix ? Est-elle forte ? Par leur manière de marcher ? Par leur manière de se vêtir ? Que porte t-elle ?

Par quoi exactement peut-on dire que ce pays ou ce land ou cette terre est la Hesse ?

Lorsqu'on ne trouve souvent pas de manière de se démarquer ou lorsqu'on arrive pas à se démarquer des autres, la solution ou l'ultime recours qui à coup sûr fera sensation ou sera fortement appréciée ou reconnue est l'économie, oui encore l'économie.

Mais pouvons-nous vraiment vivre sans économie ou sans l'économie ?

L'économie c'est plus que l'or, c'est plus que le diamant, c'est plus que l'argent, c'est plus que les pierres précieuses, l'économie c'est plus que les plus belles maisons ou les beautés que nous avons connues ou connaissons.

L'économie c'est tout à fait particulier et tout à fait spécial et sans pareil. L'économie est comme votre enfant. Si vous aviez un enfant ou des enfants, vous constateriez sans qu'on ait à vous le dire qu'il ne sont pas comme les autres et qu'ils ne ressemblent pas aux autres.

Et si d'autres personnes voyaient vos enfants, ils ferraient le même constat.

Ils remarqueraient aussi que votre enfant ou que vos enfants ne ressemblent pas aux autres enfants et que les autres enfants ne ressemblent pas aux vôtres.

L'économie de la Hesse

Voici ce que c'est que de prendre ses marques ou d'avoir ses marques. C'est pouvoir être soi-même au milieu de tous et pouvoir ne pas être tous au milieu de soi.

Prendre ses marques c'est tout simplement travailler dans l'objectif de devenir un pays dans un pays, une famille dans une famille, un peuple dans un peule.

Est-ce mauvais d'être une population dans une population ? Est-ce mauvais de devenir une terre dans une terre ? Est-ce mauvais de devenir un avenir dans un avenir ? Est-ce mauvais de devenir un futur dans un futur ?

Ce que nous disons c'est qu'il faut que la Hesse soit totalement et non en partie ce qui est meilleur et ce qui est parfait en elle.

Passer d'un cap à un autre niveau ou d'une saison à une autre saison, voici ce que nous sommes en train de dire.

Nous sommes en train de dire que devenir le meilleur ou la force motrice du pays ce n'est pas mauvais et même cela est souhaitable et même cela est conseillé.

Nous sommes en train de dire que pouvoir emmener ses populations à vivre heureux et tranquille doit être quelque chose de normale et non d'extraordinaire en Hesse.

Nous sommes en train de dire que passer du cap actuel à un cap ou la Hesse sera une solide constitution économique et humaine qui va donner du goût à toute la République Fédérale d'Allemagne qui a besoin de tous et de chacun pour devenir une nation particulière n'est pas une chose mauvaise ou non souhaitable et que cela est même souhaitable et même préférable.

Dans son accroissement, la Hesse a toujours été une porte ouverte et un endroit où plusieurs sont venus apprendre à devenir des hommes et des femmes. Certes ils ont apporté beaucoup mais ils ont reçu tout. Et voici toute la différence entre la Hesse et tout autre land.

C'est que, en Hesse, on vient pour donner le meilleur de nous-mêmes mais aussi pour

L'économie de la Hesse

recevoir tout ce que nous avions toujours recherché, attendu, voulu et qui nous manquait le plus.

Nous pouvons manquer de force, mais quand nous venons en Hesse, peu importe ce que nous donnons, nous finissons par recevoir de la force

Nous manquons de la sagesse, mais lorsque nous arrivons en Hesse, peu importe ce que nous apportons, nous recevons la sagesse.

Nous ne savons pas comment honorer ou donner des honneurs à qui l'on doit des honneurs, mais lorsque nous venons en Hesse, peu importe ce que nous emmenons avec nous comme monnaie d'échange, nous finissons par maîtriser cet art inné et cette manière particulière de faire qui est propre à l'humain et se trouve en chaque humain mais qui se cache comme un trésor notamment rendre l'honneur à qui l'on doit l'honneur.

Nous n'avons pas de puissance ou de richesse, mais lorsque nous foulons la terre de Hesse, lorsque nous passons par la case Hesse, par le pays de Hesse, peu importe ce que nous ramenons avec nous, nous recevons plus que la puissance et la richesse.

Nous ne savons pas ce que c'est que de recevoir des louanges ou en donner, mais après notre passage dans la Hesse, peu importe ce que nous avons entre nos mains, cela devient comme naturel d'en recevoir.

Et que veut dire tout ceci ?

Tout simplement qu'il y a comme un vent dans la Hesse qui fait que la Hesse est remarquable et peut se remarquer mais que pour pouvoir remarquer la Hesse, il faut d'abord vivre en Hesse.

Nous ne sommes pas en train de dire que la Hesse doit accueillir toute la terre. Mais si une personne trouve que votre maison que vous bâtissez est très très belle, et qu'elle veut la visiter ou y séjourner quelques instants pour mieux apprécier la paix

L'économie de la Hesse

qui s'y trouve, qu'allez-vous faire ?

Allez-vous dire non, nous ne voulons pas ? Allez-vous dire non, je refuse ? Non bien évidement que vous n'allez pas lui dire non mais bien au contraire vous allez lui dire viens et vois.

C'est ainsi que la Hesse en devenant un pays dans un pays sera aux yeux de tous. Pas seulement une économie dans laquelle l'on vient investir ou s'investir mais une économie dans laquelle on veut baigner et recevoir ce qu'on a jamais reçu auparavant.

Pourquoi et comment l'on arrive à être ce que l'on est ? Tout simplement parce que l'on veut être ce que l'on est et parce que l'on est ce que l'on est.

En marchant sur un chemin qui conduit à être un pays dans un pays, on finit par devenir un pays dans un pays.

Quand nous empruntons une voix qui vise à faire de nous un pays dans un pays, on finit par devenir un pays dans un pays.

Être un pays dans un pays demande à ce que nous soyons dans la pensée d'être ce pays dans le pays.

Avoir comme cap ce cap n'est pas chose facile mais lorsque nous nous dévêtons de toutes les pensées qui visent à nous retarder ou à nous mettre en retard face à notre futur ou notre devenir, nous finissons par devenir à notre grande surprise la chose que nous voulions être ou finissons par atteindre l'objectif que nous nous étions fixé.

Participer à sa propre croissance est tout à fait miraculeux. Avez-vous déjà vu un enfant qui participe à sa propre croissance ?

Cela n'est que extraordinaire et c'est ce que nous sommes en train de dire. Que la Hesse a la capacité et la possibilité différemment d'autres länder de participer à sa propre croissance et à son propre devenir et à sa propre destiné.

Il est rare et quasiment impossible de voir des enfants qui font ainsi mais la Hesse,

L'économie de la Hesse

elle, elle peut.

L'économie de la Hesse

Penser à l'avenir

L'avenir, n'est-ce pas le bio ?

L'avenir n'est-ce pas l'espace que nous avons qui est resté intacte sans être dénaturé ?

L'avenir n'est-ce pas ce que les descendants auraient laissé comme souvenir de ce qu'à toujours été la terre de la Hesse ?

N'est-ce pas le devenir de la terre de la Hesse, cette fondation, de par son passé, son histoire, ses rêves, ses désirs, de par sa volonté et par sa manière de percevoir les choses ?

Penser à l'avenir, tous les pères et toutes les mères ont cette chose qui es innée et qui ne s'enseigne pas. Sans même qu'on ne leur disent quoique ce soit, les parents sont emmenés à penser à l'avenir. Ils pensent à l'avenir de ceux qu'ils vont laisser après eux et de ceux qu'ils laisserons aussi derrière eux.

Ils se posent mille et une questions et se demandent mille et une choses :

Vont-ils bien vivre ?

Vont-ils être heureux ?

Vont-ils vivre dans le bonheur ?

Vont-ils gérer convenablement ce qui leur ai laissé ?

Vont-ils faire comme nous ?

Vont-ils faire mieux que nous ?

Vont-ils avoir mieux que nous ?

Vont-ils subir ou vont-ils payer le prix comme nous ?

Vont-ils arriver à comprendre ?

Vont-ils mesurer la portée des choses ?

L'économie de la Hesse

Vont-ils conserver ce qui leur ai confié ?

Vont-ils faire de leur mieux ?

Vont-ils accroître l'héritage ?

Vont-ils la perdre ?

Vont-ils la donner à d'autres personnes ?

Vont-ils se battre pour garder tout cela ?

Vont-ils avoir de la dignité ?

Vont-ils être un modèle ?

Vont-ils être des guides ?

Vont-ils être des meneurs ?

Vont-ils comprendre l'amplitude des choses ?

Vont-ils donner leur être pour la terre et pour le territoire ?

Vont-ils donner leur être pour les autres ?

Vont-ils permettre à plusieurs de vivre ?

Vont-ils être des bienfaiteurs ?

Vont-ils faire comme nous avons fait ?

Vont-ils garder de génération en génération après eux ?

Vont-ils avoir ou vivre des expériences comme nous les avons eu et vécu ?

Vont-ils baigner dans les eaux dans lesquelles nous avons baigné ?

Vont-ils appréhender les choses comme nous les avons appréhendées ?

Vont-ils être des héritiers dignes ?

Est-ce que la terre que nous laissons sera t-elle cultivée et arrosée et entretenue ?

Est-ce que l'héritage que nous avons mis tant d'années à bâtir va t-il vraiment rester et demeurer longtemps encore ?

Est-ce que nous serons des exemples   et des modèles que tous vont essayer de

L'économie de la Hesse

copier ?

Est-ce que nos choix seront-ils vraiment leurs choix ?

Est-ce que nos investissements seront-ils vraiment leurs investissements ?

Tout va t-il s'écrouler après nous ?

Tout va t-il encore exister après nous ?

Y aura t-il encore de la joie après nous ?

Y aura t-il encore de la paix après nous ?

Y aura t-il encore de l'abondance après nous ?

Est-ce que le royaume ne va t-il pas s'effondrer ?

Est-ce que le pays ne va t-il pas tomber ?

Est-ce que nous serons encore puissant ?

Est-ce que les gens ne maltraiteront-ils pas nos enfants ?

Est-ce que les gens n'assujettiront-ils pas notre peuple ?

Est-ce que ? Est-ce que ? Est-ce que ?

Tant de questions que nous nous posons et poserons toujours.

Mais sommes-nous maîtres des choses à venir pour prétendre préparer un avenir ou un devenir ?

Mais sommes-nous directeurs des choses qui doivent exister dans le futur pour prétendre intervenir en quoi que ce soit dans ces choses ?

Mais sommes-nous tout simplement des dieux ? Oui , nous pouvons dire que nous sommes des dieux. Mais est-ce pour autant que nous pouvons amener à l'existence des choses qui ne le sont pas tandis que nous sommes absents, lorsque nous ne serons plus de ce monde ou de cette terre ?

Rien est sûr.

Mais au moins nous pouvons faire une chose : semer.

L'économie de la Hesse

Semer a toujours eu pour but de donner ou d'apporter du fruit.

Semer est une règle qui ne passera jamais. Lorsque nous mangeons, nous semons. Lorsque nous buvons, nous semons. Lorsque nous marchons, nous semons. Lorsque nous parlons, nous semons. Lorsque nous regardons, nous semons. Lorsque nous semons, nous semons. Lorsque nous espérons en quelqu'un ou en quelque chose, nous semons.

Quand nous ne sommes plus là, nos semences restent et demeurent.

Si nous avons de l'amour, si nous avons des dons, si nous avons de la science, si nous avons de la connaissance, si nous avons de la force pour changer les choses, si nous avons des biens énormes, si nous avons la capacité de libérer des peuples, et si nous ne semons pas, rien ne restera de ces choses.

La semence dans son intérêt n'a pas d'intérêt.

La semence dans son impatience a de la patience.

La semence dans sa volonté de ne pas servir sert.

La semence dans son orgueil n'est pas orgueilleuse.

La semence dans sa plus grande malhonnêteté n'est pas malhonnête.

La semence dans son intention de mal faire ne fait jamais mal.

La semence crée de la réjouissance.

La semence approuve la justice et l'aide à tenir ferme.

La semence ne va jamais succomber.

Beaucoup d'activités disparaissent, plusieurs entreprises fermeront, des organismes ne seront plus, mais la semence demeurera.

Semer n'est pas jeter ou perdre. Essayons de lancer un grain d'un fruit quelconque dans une terre et revenons des années plus tard, nous verrons que malgré toutes les mauvaises herbes qui ont poussés et poussent à ses cotés la semence est devenue un

L'économie de la Hesse

grand arbre portant des fruits et de bons fruits.

Préparer l'avenir c'est semer. Préparer l'avenir c'est jeter sa semence sur une terre.

préparer l'avenir c'est lancer sa semence sans calculer ou sans avoir à se soucier si elle va produire ou pas.

Lorsque nous semons du blé, nous ne nous posons pas de questions pour savoir si oui ou non le blé poussera et donnera de son fruit.

Qu'on dorme ou pas, qu'on soit présent ou pas, le blé va pousser. Tel est le cas pour la semence que la Hesse doit jeter en terre.

La Hesse doit jeter sa semence sur tout son territoire et ne pas réfléchir ni calculer si cela va produire ou pas ou si cela va demeurer ou pas. Sa semence produira, sa semence demeurera.

Nous ne sommes pas en train de dire que nous savons que cela va demeurer mais nous disons tout simplement que nous savons que la semence demeure toujours.

Donc, nous n'avons pas forcement besoin de voir ou de croire ou même de savoir si oui ou non la semence est bonne ou belle ou chétive ou forte ou grasse.

Ce dont nous sommes sûrs et même certains, c'est que la semence va croître et donner des fruits.

Nous sommes le fruit d'une semence ; la Hesse est le fruit d'une semence. La Hesse n'est pas née dans le vide mais la Hesse est née parce que des choix ont été faits.

Effectivement, la Hesse vient d'une semence et d'une très bonne semence. La Hesse a été semée par quelqu'un. La Hesse est la semence de quelqu'un. Qui dira le contraire ? Qui dira que la Hesse est sortie tout droit de nous ne savons d'où ? Qui dira que la Hesse est sortie d'une forêt ? Certes si nous voulons aller au départ lorsque la Hesse a été semée, elle a été semée petite mais aujourd'hui ce n'est plus une semence, c'est un arbre et arbre qui porte du fruit et même des fruits excellents.

L'économie de la Hesse

La semence que la Hesse à son tour ou que les habitants de la Hesse ou la population de la Hesse à leur tour vont semer servira et sera pour des générations et des générations un sujet de réjouissance.

Quand l'on sème, ce n'est pas seulement pour soi mais pour plusieurs. Lorsque vous semez le blé de qualité en Hesse, est-ce pour juste celui qui a semé ou est-ce à destination de tous, Français, allemands, portugais, espagnoles, Néerlandais, Danois, Anglais, Italiens, Norvégiens,... ? C'est pour tous que vous semez et c'est à cause de tous que la Hesse sème et sèmera.

Alors il est bon de ne pas calculer ou réfléchir pour semer sur tout le territoire et la terre de la Hesse.

Semez autant que vous pouvez, semez autant que votre main ou votre force le peut, semez autant que vous aurez entre vos mains, semez comme la Hesse a été elle même semée.

L'économie de la Hesse

Consolider et fortifier à nouveau
la ressource première : la banque

Consolidation, fortification, que c'est bon d'entendre ces mots. Cela fait vraiment du bien de les entende surtout lorsque que ces mots agissent de manière significative dans notre existence.

Existe t-il une personne qui verra ces mots se manifester de manière concrète dans sa vie et qui ne serait pas joyeux, ou ne déborderait pas de joie ?

Non c'est inconcevable qu'une personne quelle qu'elle soit puisse avoir ces mots avec elle et pour elle, marcher avec elle et vivre avec elle, les faire vivre près d'elle, les tenir comme socles ou piliers sur lesquels elle se tient et pouvoir dire qu'elle est malheureuse ou qu'elle n'est pas dans le bonheur ou qu'elle en est privée ou qu'elle n'éprouve pas de bonheur.

Le bonheur peut-il venir d'ailleurs ? L'instabilité peut certes nous emmener à nous lever et à nous battre afin d'être stable mais aucune instabilité ne crée le bonheur.

Même pour des personnes qui seraient à la base de l'instabilité des autres, il n'y a aucun bonheur à recevoir ou à éprouver puisqu'en fin de compte lorsque vous mettez du sable dans le plat de l'autre en vous disant que vous serez le seul et que vous serez vu de tous, en fait vous ne faites que faire un mendiant de plus qui de par le fait qu'il se tienne devant votre porte ou votre maison ou sur votre chemin va éprouver votre cœur au vu et au su de tous. Et vous risquez bel et bien d'être en mauvaise posture et ses actes ou actions finiront par vous dévoiler. Or le fait que la pensée de votre cœur soit dévoilée ou mise à nu, au grand jour, surtout lorsque vos pensées ne sont que de déstabiliser l'autre ou les autres, vous vous retrouvez dans la plus mauvaise des postures et ce à tous les niveaux et surtout sur le plan économique puisque plus

L'économie de la Hesse

personne ne vous donne sa confiance.

Recevoir la confiance ou avoir la confiance d'autrui est très important. La confiance ça ne s'acquiert pas parce que l'on est née dans un environnement où la confiance règne ou régnait déjà à la base mais cela s'acquiert au prix de longs efforts. La confiance n'est jamais acquise d'avance et même si vous êtes déjà, sachez que vous n'êtes jamais. Puisque le fait de savoir que nous sommes nous emmène à baisser la garde et à dire que vu que nous sommes, certainement il n'y a plus rien à faire, or celui qui dit tout va bien vient dire que je suis arrivé au bout de mon chemin et je n'ai plus rien à recevoir de qui que ce soit or la réception ou ce que l'on nous donne assemblé à un niveau élevé devient ce que nous sommes et ce que nous sommes ne peut être stable que de par notre continuité à demander encore, à frapper encore et à chercher encore.

Pourquoi frapper ou chercher, ou demander si ce que vous avez est suffisant ? Direz-vous. Ce que vous avez, peu importe sa quantité ou sa qualité ou son volume...ne reste jamais assez suffisant ni pour vous ni pour les autres car même lorsque vous dites tout va bien et que vous arrêtez, l'autre risque de vous dire ce n'est pas possible que vous arrêtiez parce que nous en avons encore besoin, nous avons encore faim de ce que vous portez et de qui vous représentez. Or le fait que vous soyez à votre aise et que ceux qui sont autour de vous ou qui profitent de ce que vous avez ou qui en jouissent ne soient pas rassasiés comme vous, cela équivaut à dire que vous êtes loin et vraiment loin d'être arrivé là où vous croyez être arrivé.

Alors, dans ces cas que faire ou que dire si le fait d'être arrivé signifie que nous venons à peine de commencer et si le fait de commencer signifie que nous ne sommes pas arrivé ?

Il faut tout simplement croire que ce que vous êtes et ce que sont les autres n'a jamais

L'économie de la Hesse

été que ce que les autres ou vous même pensez être assez mais qui en fait ne l'est pas. Aller au-delà de ses limites en stabilisant ce que nous avons ou qui nous sommes est ce dont nous parlons ici.

La stabilité ou la stabilisation est une marque de fabrique qu'il est rare d'acquérir pour certains des plus grands et des meilleurs et qui reste une utopie pour ceux qui n'ont jamais goutté à un semblant d'une presque stabilité.

Lorsqu'un grand ou celui que l'on conçoit comme étant grand ou celui qui se conçoit comme étant grand semble aux yeux des autres être devenu grand, en fait sa chute ne tarde pas et la déception générale est encore une fois de plus consommée et l'on dira : Encore ? Mais en fin de compte à qui faire confiance ou de qui viendra la confiance et à quoi se fier alors ?

Oui en effet c'est la confiance que recherchent les gens de par votre stabilité et que vous même vous recherchez sans le savoir de par votre stabilité. Mais est-ce que la confiance est un but qu'on atteint ? Y a t-il une limite à la confiance, une limite où l'on peut dire maintenant voici la confiance ? Y a t-il un endroit ou un lieu ou l'on peut dire voici je suis arrivé dans un endroit de confiance ?

La confiance n'est pas comme une maison qui est en un endroit bien précis et qui s'atteint ou quand on atteint on est à même de dire : nous sommes enfin arrivé !

Non, la confiance est un vaste désert qui n'a ni porte d'entrée ni porte de sortie ni issue de secours et qui n'a jamais le même visage et où les chemins sont introuvables et changent au gré des temps.

La confiance est une ville qu'on voit de loin et que l'on atteint jamais ou que l'on atteint difficilement puisqu'elle ne tarde pas à disparaître lorsque nous l'avons atteint.

La confiance est une pensée profonde qui n'arrive pas à se terminer ou à s'achever.

La confiance c'est l'espace ou l'univers, ce qui ne nous laisse vraiment pas assez

L'économie de la Hesse

d'espérance car c'est encore de la folie que de chercher à connaître tout l'univers.

La confiance c'est la stabilité et c'est le renforcement. La confiance c'est la consolidation et la fortification d'un objet, d'un lieu, d'un groupe, d'une personne...

Marcher en pensant que la Hesse est en confiance ou fait confiance est une erreur gravissime. Mais marcher et croire que la Hesse fera confiance et donnera la confiance est une pensée sage et pleine de puissance qui vient pour sauver la face et le visage de tout une région, de tout un territoire, de tout un land : le land de la Hesse. Le fait que la Hesse dise qu'elle n'est pas encore arrivée lui donne d'être à la porte de l'arrivé. Le fait que la Hesse dise qu'elle n'a encore rien fait montre en fait qu'elle n'est pas loin d'avoir tout fait. Le fait que la Hesse dise qu'elle ne sait pas et qu'elle ne connaît pas le chemin prouve effectivement qu'elle sait et connaît parfaitement le chemin.

Mais il arrive et c'est souvent le cas qu'on connaisse le chemin sans pour autant avoir la force ou le système ou le moyen qui permet de l'emprunter et de rester sur ce chemin.

C'est ainsi qu'est fait ou que se présente la consolidation et la fortification de nos acquis ou de ce que nous possédons.

Quand à la Hesse, ce qu'elle possède, c'est la banque. La banque est en effet son premier née ou son fils premier-née. Le premier-né de la Hesse, la banque, est sa force et les prémices de sa vigueur, la banque de la Hesse est celle qui est supérieure en dignité et supérieure en puissance, elle est impétueuse comme les eaux et aura la supériorité car elle fait honneur à tout un peuple, le land de la Hesse.

Pourquoi et comment tenir ce premier-née dans de bonnes conditions pour qu'il soit ce qu'il est ou pour qu'il soit ce qu'il est ? C'est ce dont nous parlons.

Il est bien d'avoir une banque ou des banques et à coté il est aussi bon de s'engager

L'économie de la Hesse

dans d'autres voies secondaires ou d'autres objectifs ou visées à atteindre. Mais il est encore mieux de revenir sur ces premiers pas dans le jardin dans lequel nous avions pris nos marques et fait nos premiers pas et pour la Hesse, le jardin dans lequel elle a pris ses marques et fait ses premiers pas et qui le restera toujours dans sa pensée et dans celle de tous c'est la banque. Oui la banque, elle doit revenir à la banque où qu'elle soit. C'est comme un arbre qui grandit et commence à fleurir et qui devient le plus grand arbre et qui a une particularité du fait qu'elle tire sa source d'énergie dans des eaux profondes. Est-ce que cet arbre planté près de sources d'eaux abondantes et qui finit par devenir très grand et le plus grand arbre et le plus beau des arbres dira t-il aux sources d'eaux : Non, ça suffit, je suis arrivé, je suis devenu le plus grand donc je n'ai plus besoin de toi, je n'ai plus besoin de plonger mes racines en toi dans tes grandes eaux qui ont fait de moi un grand arbre et un très très bel arbre où tous viennent chercher ce qu'ils leur manque ?

En effet cet arbre périra, cet arbre finira par mourir et la gloire de cet arbre ne sera semblable qu'à du vent qui est passé sans laisser aucune trace de son passage.

C'est pourquoi malgré la grandeur de l'arbre, malgré les branches qui s'étendent ici et là, les racines ne doivent pas quitter les sources d'eaux qui ont fait et feront de cet arbre de la Hesse le magnifique parmi tant d'autres.

Il est important de savoir d'où l'on vient et ce qui a fait que l'on est. Car être ce n'est pas de notre propre force ni de notre propre vouloir mais c'est du bon vouloir de l'intervention de celui ou celle qui est. Si les sources où la Hesse plonge ses racines sont, alors la Hesse sera. Si les sources où la Hesse plonge ses racines ne sont pas, alors la Hesse ne sera pas. Si la Hesse s'éloigne des sources où elle plonge ses racines alors la Hesse ne sera plus. C'est tout simple, tant que la Hesse vient à ces sources, elle vivra et tant qu'elle s'en éloignera, elle restera et sera un arbre sec qui n'a

L'économie de la Hesse

ni beauté ni feuillages ni magnificence ni éclat.

C'est pourquoi consolider et fortifier la première ressource est primordiale puisque le fait d'agir ainsi est tout comme si la Hesse plongeait ses racines dans les sources d'eaux qui lui donnent la vie et qui irriguent toute sa personnalité.

Consolider et fortifier sa première ressource est vraiment important parce que sans cette intervention ou cette action, la Hesse serait dépourvue de sa couronne de reine du centre de l'Europe et des nations.

Car le fait d'être le centre de l'Europe fait de nous le centre des nations ou le centre du monde. L'Europe n'est pas un vieux continent ou une vieille terre et même si tel est le cas cela voudrait dire que ce qui est vieux est ancien et donc par conséquent a vu et a entendu et a goûté et a touché et a dit plus qu'il en faut et plus que tout autre.

Parlons encore de cette Europe qui ne l'oublions pas a conquis des terres plus que tout autre.

Comment cela a t-il été ? Tout simplement parce que c'est le choix de l'Europe. Une terre qui conquiert des terres, des territoires, des économies.

Alors pourquoi ne pas devenir le centre de cette vieille terre et par ricochet bénéficier de ce qu'elle est et de sa couverture tout en devenant le centre de la terre. Nous vous parlons du centre des nations et non du centre d'un pays ou d'un continent. Ce n'est pas trop vouloir le fait de vouloir être le centre de la terre.

Il y a un moment où l'on a envie d'être le centre de sa propre vie,

il y a un temps où l'on a envie d'être le centre de son foyer,

il y a un temps où l'on a envie d'être le centre de sa maison,

il y a un temps où l'on a envie d'être le centre de sa famille,

il y a un temps où l'on a envie d'être le centre de son entourage,

il y a un temps où l'on a envie d'être le centre de sa ville,

L'économie de la Hesse

il y a un temps où l'on a envie d'être le centre de son pays,

et un temps ou l'on a envie de conquérir toute la terre et la Hesse en a les capacités et

la force nécessaire et c'est sa banque avant tout.

L'économie de la Hesse

Investir dans les autres territoires

L'investissement dans les autres länder est une économie qui se base ou prend son appui sur le désir ou la volonté de créer de la richesse tant pour la Hesse que pour tout le territoire allemand. Investir dans les autres territoires c'est aussi investir dans des territoires qui sont en République Fédérale d'Allemagne mais aussi sur le continent européen et hors du continent européen.

L'investissement n'a jamais été mieux fait que par les banques et ceux qui ont une approche similaire dans leurs manières de faire. S'il reste vrai que tout le monde investit et que tout le monde peut investir il n'en demeure pas moins que l'investissement ne soit pas chose aisée et à la portée de tous.

Tous avant de se lancer dans un investissement auront beaucoup de réticence ou investiront de manière légère ou s'investiront avec énormément de précautions. Il est vrai qu'il faut de la prudence mais il y a une grande différence entre la prudence et la peur de perdre son investissement.

Perdre son investissement ou son temps c'est ce que redoute bon nombre d'investisseurs qu'ils soient de petite taille ou de grande. Tous redoutent l'échec, tous redoutent la perte de ce qu'ils vont engager comme force, intelligence, temps, finances, etc.

Lorsque l'on investit que sa force, l'on se dit qu'il n'y a aucune perte, bien évidement que si.

Lorsque l'on investit son intellect, l'on se dit qu'il n'y a pas de perte, bien sûr qu'il y a de la perte.

Lorsque l'on investit son temps, l'on se dit qu'il n'y a pas de perte, bien évidement qu'il y a de la perte.

L'économie de la Hesse

Lorsque l'on investit son argent, l'on se dit qu'il faut être prudent car il peut y avoir de la perte.

Mais quelle est la différence entre l'argent investit, le temps investit, l'intellect investit, ou tout autre investissement ?

En effet il n'existe aucune différence si ce n'est que la valeur ou l'estimation faite de l'investissement parce qu'un investissement reste un investissement.

Et lorsqu'on investit et qu'on n'arrive pas à récupérer notre investissement peu importe l'investissement, il y a forcement perte.

Si vous éduquez vos enfants et qu'à la fin l'enfant n'a saisit aucune leçon de tout ce que vous lui avez appris, il n'y a pas perte d'argent mais il y a perte économique.

Puisque le temps que vous avez pris à éduquer cet enfant aurait pu vous permettre de développer ou améliorer autre activité ou projet pouvant vous stabiliser économiquement.

Lorsque que vous participez a un programme initié par la mairie et qu'à la fin du projet ou du programme il n'y a pas de résultat fort ou que les résultats attendus ne sont pas à la hauteur des espérances, il n'y a pas perte d'argent a vu d'œil mais si on y regarde de plus près, nous constaterons qu'il y a perte énorme d'argent car le temps qui a servi à développer cette activité aurait pu servir à améliorer les comptes ou les finances ou l'économie de la mairie et voire des différents participants.

L'amélioration c'est bien cela que nous sommes en train de présenter comme étant ce qui est synonyme de perte ou pas.

Dans le fait d'investir ou de s'investir, une seule chose doit rythmer notre engament ou notre niveau d'engagement, c'est l'amélioration qui devra s'en suivre ou qui est attendue.

Quand on investit, c'est pour une amélioration d'une situation donnée ou une situation

L'économie de la Hesse

précise.

Comment peut-on améliorer sa situation sans investissement ? Il est quasiment impossible d'en arriver à un meilleur résultat de notre situation si nous ne nous investissons pas.

Il arrive souvent que l'amélioration ne déteigne pas sur nous ou ne touche pas que notre existence mais s'étende à celle des autres. Lorsque la Hesse investit ou investira dans d'autres territoires, ce n'est pas seulement pour améliorer sa situation mais sans toutefois le préméditer ce sera pour améliorer aussi celles de ces territoires où elle investit.

Investir dans des territoires revient à dire investir pour avoir de la garantie quelque part lorsque l'on aura un soucis ou un besoin ou une urgence.

Lorsque vous investissez, ce n'est souvent pas pour récolter sur le champ ou a l'instant. Il y a des investissements qui se font juste pour mettre ses investissements quelque part ou les mettre en mouvement ou pour les rendre utiles. Mais peu importe l'objet, le milieu dans lequel nous baignons est propice à nous emmener dans un investissement qui sert à garantir lorsque viendrait des coups durs ou des temps difficiles.

Admettons que la Hesse investisse dans tous les länder allemands et a des actions de part et d'autre. Premièrement elle fera des chiffres certes mais lorsque viendra le moment où toute l'Europe où elle même traversera un coup dur, elle pourra non pas aller emprunter mais juste réclamer son dû ou juste échanger son dû par de la matière qui lui servirait pour se rétablir.

Investir n'a souvent pas eu pour but de gagner toute de suite et maintenant et cela ne devrait pas être le cas.

Quand on sème du blé ou quand la Hesse va semer du blé de qualité, ce blé ne

L'économie de la Hesse

donnera pas de son fruit la semaine qui suit. Il prendra le temps de sortir de terre, de croître et petit à petit de donner son fruit. Et lorsqu'il donne son fruit, le plus souvent ce fruit ne servira pas qu'à Hesse —puisqu'un grain aura donner plusieurs fruits— , mais servira aussi à de nombreuses personnes ou différents peuples.

Il en ait de même pour l'investissement. L'investissement est semblable au blé qui sert à divers peuples.

En fait l'investissement est une récolte que l'on essaie de distribuer ici et là pour améliorer son économie ou permettre à cette récolte de ne pas nous rester sous les bras et ne pas se perde.

Pour la Hesse, investir dans les autres territoires sera chose facile puisqu'elle est déjà dans une lancée qui est l'industrie bancaire.

Il est moins difficile à une terre de banque d'investir qu'à tout autre puisque l'objectif de la banque n'est pas d'avoir de clients ou autres mais son but est de pouvoir améliorer et participer à la distribution, la consommation, l'échange, la production. En fait, son but est d'économiser. Alors si un territoire s'engage dans l'industrie bancaire de manière massive et fortement, elle serait plus à même de pouvoir investir en son sein et même partout autour d'elle. Elle pourra aller au-delà et toucher tous les territoires qui sont dans sa région.

Investir, pour la Hesse, sera un moment de joie énorme puisque c'est un temps ou elle met sa force en exergue et son savoir à profit.

Vous avez un avion privé ou personnel. Et vous n'avez jamais fait de longue distance et depuis que vous l'avez, vous n'avez fait que partir de Francfort à Wiesbaden, de Cassel à Darmstadt, de Offenbach am Main à Hanau, de Marbourg à Giessen, de Fulda à Rüsselsheim, de Bad Homburg vor der Höhe à Wetzlar, de Oberursel à Rodgau, de Dreieich à Bensheim, de Hofheim am Tannus à Maintal, de Neu-Isenburg

L'économie de la Hesse

à Langen, de Mörfelden-Walldorf à Limburg an der Lahn, de Dietzenbach à Bad Vilbel, de Lampertheim à Bad Nauheim, de Bad Hersfeld pour revenir à Francfort.

Or votre avion a du potentiel qui lui permet de faire plus de douze mille kilomètres.

Alors, lorsque l'occasion se présente pour aller en Australie ou au Canada, ou aux États-Unis, ou au Pays-Bas, ou au Congo, ou en France, ou en Côte d'Ivoire, ou au Mozambique, ou quelque part dans les îles caraïbes, ce serait bien sûr l'inconnu pour vous mais vous aurez vous et votre équipe une joie immense de pourvoir enfin tester cette machine et tout ce que l'on dit d'elle ou raconte à son sujet. Du début à la fin du parcours ce ne sera que réjouissance.

Voici à qui sera semblable la Hesse qui investira dans les autres régions. Ce sera de la réjouissance du début à la fin puisque l'on aura à faire à toute une région qui a les capacités pour et qui commence à le faire. Du plus petit au plus grand, du moins âgé au plus âgé, tous seront dans une réjouissance énorme.

Lorsque l'on va bâtir une maison avec ses amis et ses proches ou son entourage, et que du plus petit au plus grand tous mettent la main à la pâte, du début à la fin des travaux, il n'y a que réjouissance.

Certes il y aura réjouissance énorme pour la Hesse mais au-delà de cela et c'est cela qui est le plus important, l'économie tant attendue commencera à se mettre en marche. L'économie commencera à prendre son visage réel, sa forme réelle, sa force réelle, sa plénitude réelle.

Une économie qui surprendra et qui commencera à faire ce que personne n'aurait pu imaginer que l'économie d'une terre comme la Hesse aurait pu. Une économie de la Hesse qui commencera à piloter l'économie à telle enseigne et le fera au niveau national et dans toutes les sphères.

Avoir une banque au niveau du territoire, c'est fort et significatif mais avoir un

L'économie de la Hesse

système bancaire qui depuis un territoire, depuis un land pilote d'énorme projet et programme dans toutes une République Fédérale d'Allemagne c'est encore plus intéressant et un challenge pour tous les habitants du land.

Partir de land en land ou arriver à toucher toutes les frontières régionales et du pays, voici ce que sera cet investissement. C'est à l'image d'un agriculteur qui vend ces pommes au niveau du land et à un moment donné commence à s'étendre de land en land, de territoire en territoire et finit par toucher tous les pays ainsi que les pays frontaliers ou les villes frontalières au pays.

Telle est la direction de cet investissement dans les autres régions ; un investissement qui dure dans le temps et qui produit au-delà du temps qu'a duré l'investissement.

Partir d'un land pour atteindre les régions du centre et l'Europe voici ce que sera cet investissement et ce ne sera pas là la fin mais le commencement d'une expérience particulière ou d'une expérience qui mènera tout le land au paroxysme de son choix et de ses activités. Nous ne parlons pas ici d'une entreprise mais d'un land. Nous ne parlons pas ici d'une entité privée mais d'un territoire. Nous ne parlons pas d'un land qui commence à se mettre dans l'économie et à faire de l'économie avec crainte ou appréhension mais sans crainte aucune et sans aucune appréhension. Le land de la Hesse en a les capacités. Pourquoi attendre d'abord que d'autres länder soient à la pointe de cette vision avant de travailler en tant que land pour le bien-être de sa population ou son peuple. Il faut mettre soi même la main à la pâte en faisant partie de cette équipe qui gère, qui contrôle, qui suit, qui développe, qui distribue, qui échange et qui nourrit toute sa terre.

Un land doit aller au-delà d'être juste celui qui assiste ou regarde comment se déroule le match mais doit pouvoir intervenir. Un land doit avoir les deux pieds dans le plat.

L'économie de la Hesse

Rester stable

Lorsque l'on atteint la taille maximale que l'on veut atteindre, il y a une chose qui se présente à nous : maintenir cette taille.

Il est bon de donner à un arbre de grandir et d'arriver à porter ses premiers fruits ou d'arriver à maturité mais il est mieux de pouvoir maintenir l'arbre en vie aussi longtemps que possible.

Être élu et rester au pouvoir sont deux choses différentes. Lorsque vous êtes encore dans l'opposition, vous avez beaucoup à dire et beaucoup à faire, vous brûlez d'envie de faire, d'envie de dire, vous brûlez d'envie de donner tout ce que vous avez. Lorsque vous montez au pouvoir, il y a d'autres circonstances qui se présentent à vous et qui se sont aussi présentées à vos prédécesseurs. Des circonstances inattendues, imprévues et souvent difficiles à comprendre. Et alors vous vous demandez : mais comment ces situations ont pu se produire ? C'est en ce moment que vous devenez vous même. Alors si vraiment vous étiez en train de dire vrai sur ce que vous alliez faire, cela se vérifiera et se verra automatiquement. Et si ce que vous étiez en train de promettre, vous n'étiez pas à même de le faire, cela se vérifierait aussi automatiquement. Vous ne pourrez pas cacher qui vous êtes peu importe tout ce que vous mettrez sur vous comme vêtements, vous finirez par montrer qui vous êtes et votre vrai visage ; car il est une chose à laquelle la personnalité du genre humain ne peut résister c'est le pouvoir.

En effet lorsque vous êtes au pouvoir, vous devenez parfaitement visible, vos pensées deviennent tout à fait visible par tous même par le plus petit.

Le pouvoir est le lieu où l'on est épuré par un feu qui ne se voit pas, le pouvoir est un lieu où l'on est visité par une présence que l'on ne sent pas et qui a pour visée de nous

L'économie de la Hesse

mettre à l'épreuve pour voir si oui ou nous nous suivrons le droit et la justice, si oui ou non nous ferons justice et droit à tous, pauvres comme riches, petits comme grands, femmes comme hommes, animaux comme végétaux...

Le pouvoir est quelque chose de très étrange et de très particulier. Il vous dit que vous pouvez faire en toute impunité, il vous dit que vous pouvez prendre sans que personne ne puisse vous en empêcher, il vous dit que vous pouvez dire sans que personne ne puisse vous dire taisez-vous, il vous dit que vous pouvez tout sans que personne ne vienne intervenir pour vous demander d'arrêter. Ce dont nous parlons c'est le propre du pouvoir, le propre de l'élévation, le propre de la hauteur que vous soyez d'un pays du Sud ou d'un pays du Nord, que vous soyez d'un pays de l'Est ou d'un pays de l'Ouest.

Qui peut y échapper ? Qui peut dire que cela ne se présentera pas à lui ? En fait, cela se présente à tous ceux qui montent en puissance et qui sont établis.

Mais dans ces cas que faire ou quoi faire ? Dans ces cas à qui ressembler ou à quoi ressembler ?

Lorsqu'ils sont montés au pouvoir certains sont devenus ce que les conseillers ont dit qu'ils devaient être tandis que d'autres sont restés ce que les conseillers ont dit qu'ils devaient être. Que ce soit d'un coté ou de l'autre, le peuple a admiré l'un et a haït l'autre. Le peuple a accepté de continuer avec l'un et a décidé de délaisser l'autre.

Pouvez-vous être sans vraiment penser à demeurer ? Pouvez-vous devenir sans penser à rester ?

Construisez-vous une maison dans le but de la quitter un jour ou dans le but d'y rester pour toujours ?

Bâtissez-vous une maison dans le but de la léguer ou d'abord dans le but que cela vous serve ? Il est vrai que vous pouvez bâtir une maison pour vos fils mais même

L'économie de la Hesse

dans ce cas, vous bâtiriez cette maison dans le but qu'ils la garde pour toujours. Il en ait de même pour une œuvre, un projet ou un choix économique que vous bâtissez.

Est-ce que vous bâtirez votre choix économique pour que ce soit pour un temps et après vous passez à autre chose et ainsi de suite ?

Non, nous pensons que vous bâtirez votre économie dans le but que cela dure et serve même à ceux qui viendront après vous.

Après vous ne veut pas dire la première génération mais plutôt aussi longtemps que l'on verra le matin et que l'on verra la nuit sur la terre.

Voici l'optique ou la vision de tous les baptiseurs, c'est se maintenir ou de maintenir stable.

Partons du principe que vous êtes un acheteur et que vous voulez acheter une voiture et que vous en avez les motivations et aussi parce que vous avez pris le temps de réunir les moyens nécessaires pour atteindre votre but.

Allez-vous acheter cette voiture pour la jeter à l'eau notamment dans un ravin ou dans un fleuve ou dans une rivière ou dans une mer ?

Même si vous étiez extrêmement riche, ce qui se voit très rarement et même pas du tout est que vous n'iriez pas acheter pour jeter. Jamais. Vous n'achetez pas du pain pour juste après le jeter dans les ordures. Ce n'est pas une manière de faire et cela n'a jamais été ainsi peu importe l'opulence dans laquelle vous vivez, le genre humain ou la créature humaine a une conscience différente de tout autre et n'arrive pas facilement ni immédiatement à jeter ce qu'il à acquis mais ne le fait qu'après l'avoir utilisé ou après que l'on s'en est servi.

Il en est de même pour l'économie de la Hesse. Pourquoi atteindre le paroxysme de son niveau ou une forte hauteur et tout abandonner et dire c'est bon je suis arrivé on détruit et on reprend ? Cela n'existe pas et cela ne se verra jamais, cette manière de

L'économie de la Hesse

faire, surtout dans l'économie.

Assurer la suite et la relève, voici ce qui se fait en économie et ce qui se voit en économie.

En économie, on n'arrive pas à dix mètres d'altitude pour dire que l'on est arrivé ou pour dire que cela est suffisant. Non, on veut aller plus loin et pousser plus loin et et monter plus haut.

Et lorsque la Hesse aura atteint un niveau élevé de par les choix qu'elle aura fait, il est bon d'avoir les regards portés sur la stabilité du niveau et la stabilisation du niveau à atteindre.

Demeurer stable c'est prendre les précautions humaines, matérielles, et physiques pour ne plus revenir en arrière.

Demeurer stable, c'est se débarrasser de tout ce qui nous empêche de devenir et se maintenir.

Demeurer stable, c'est s'asseoir et ne pas pouvoir être dérangé par qui que ce soit ni par les concurrents ni pas les associés ni par les personnes venues d'ailleurs ni par personne d'autre.

Beaucoup de leader que ce soit dans la politique, dans la culture, dans la finance...peinent à demeurer stable et n'arrivent pas à se maintenir dans la stabilité.

Or pourtant les choses sont simples ou se font simplement ; il faut seulement regarder à toute l'organisation autour de nous notamment celle de la terre et de tout l'univers.

Vous avez un astre qui tient dans l'espace sans que personne ne puisse le tenir ou le maintenir entre ses mains.

Vous avez un soleil et une lune aussi qui tiennent et des étoiles qui tiennent dans l'espace sans une aide physique ou quelconque. Comment cela se passe t-il ? Ce sont là des questions que l'on peut se poser avant même de songer à écouter des conseils

L'économie de la Hesse

de telle ou de telle personne. Souvent la réponse aux questions que nous nous posons sont juste devant nous et à notre portée, il n'y a qu'à regarder, il n'y a qu'à observer et si vous n'arrivez pas à percevoir, il n'y a qu'à observer encore et encore et si vous n'y arrivez toujours pas, il n'y a qu'à observez encore jusqu'à ce que vous puissiez percevoir la présence qui se cache et qui devrait vous servir de guide ou d'appui pour rester intacte et stable comme ses luminaires dont nous venons de parler ainsi que de la terre.

Vous n'êtes certainement pas scientifique et ce n'est pas ce que nous disons que vous devez être —quoi que vous soyez, quelque part, de manière voilée, de manière cachée, scientifique sans le savoir— , mais vous devez tout simplement observer.

Observer ne demande pas une grande science à moins que n'ayez pas l'opportunité de voir la lumière du jour telle une personne aveugle mais là encore vous pouvez vous servir de quelque chose d'autre qui en fait sert lorsque vous observez, la pensée de votre cœur.

Passons à un exemple pour mieux comprendre ce que nous disons.

Dans l'époque antique, nous constatons que les gens d'autrefois savaient ou arrivaient à construire des bâtisses solides et durables et même toutes sortes d'objets ou de matériaux ou d'engins dont la pérennité était vitrifiable et qu'on pouvait confirmer.

Comment faisaient-ils ?

Comment agissaient -ils ?

Comment s'y prenaient-ils ?

Avaient-ils plus d'intelligence que les gens d'aujourd'hui ?

Avaient-ils plus de force que les gens d'aujourd'hui ?

Qu'avaient-ils de plus ? Ils avaient sauvegarder d'abord les pensées de leur cœur et

L'économie de la Hesse

c'est ce qui faisait que ce qu'ils touchaient ou faisaient se sauvegardait ou était sauvegardé.

Ils avaient permis aux pensées de leur cœur de rester intactes sans bouger à la moindre tempête ou aux moindres vents et flots. Tout ce qu'ils bâtissaient aussi était solide et durait et ne tombait pas et ne bougeait pas non plus à la moindre intempérie.

Pourquoi aujourd'hui l'on voit que les choses ne durent pas ou ne sont pas assez solides ?

Est-ce par cupidité ? Non.

Est-ce par manque de connaissance ? Non plus.

Nous avons plus d'outils pour connaître.

Alors pourquoi cela ? Tout simplement parce que les pensées des cœurs ne sont pas solides, parce que les pensées des cœurs ne sont pas stables.

Parce que les pensées des cœurs ne résistent pas, les créations ou les plans ou les projets ne résistent pas non plus.

Parce que les pensées des cœurs sont poreuses et frigides et opaques, les constructions et les bâtisses sont aussi poreuses et frigides et opaques.

Que croyez-vous ? Que les choses naissent et restent parce que l'on n'y a d'abord pas mis les pensées ?

Lorsque vous voyez une maison sortir de terre ou un pays émerger et commencer à grandir et devenir une superpuissance, elle qui n'était rien du tout, sachez qu'il se cache derrière cette percée les pensées d'un cœur ou de plusieurs cœurs. Rien ne se fait sans la pensée.

Alors si la pensée intervient avant toute chose alors pour demeurer et rester stable il faut qu'en amont la pensée ait planifiée et acceptée et se soit unie à cette stabilité. Voici ce que nous disons.

L'économie de la Hesse

Comment alors la Hesse peut-elle rester stable ? C'est tout simplement en étant d'abord un land qui porte des pensées stables.

L'économie de la Hesse

Un territoire conquis qui conquiert

Nous pouvons être dans un territoire et ne pas conquérir ce territoire et nous pouvons être aussi dans un territoire et conquérir ce territoire.

La conquête n'est jamais faite d'avance ni le combat non plus. Il faut se battre du début à la fin, chercher, continuer à chercher sans arrêter.

Il faut marcher, continuer à marcher sans arrêter, il faut courir jusqu' à la ligne d'arrivé afin de prétendre remporter une victoire et cette victoire peut souvent être soit la première place, soit la deuxième place, soit la troisième place, soit la quatrième place, soit même la dernière place. Oui, la dernière place peut être une victoire pour qui voulait juste participer à la course ou faire partie des coureurs.

Lorsque vous faites partie d'une famille de sept personnes qui vaquiez chaque jour à vos occupations et que l'heure venue d'entrer, vous rentrez à la maison en dernière position, est-ce pour autant que vous ne faites pas partie de la famille ?

N'éprouvez-vous pas de la joie d'être entré que ce soit en premier ou en dernier ?

Il est bon d'être premier mais il n'est pas mauvais d'être le dernier tout dépend de comment nous nous plaçons et voyons la position qui est la dernière.

Oui, il peut aussi arriver que le dernier devienne le premier en dépassant tous ceux qui étaient en première position. Cela dépend aussi du regard que nous portons sur cette première place du dernier.

Quitter la première place pour être le dernier est plus facile que de quitter la dernière place pour être le premier. Quand vous êtes en première position le risque est tellement énorme puisque vous vous dites être à l'abri, vous vous dites plus fort, vous vous dites plus grand, et qu'il n'y aucun problème etc. Et c'est là tout le risque. Le fait de dire tout est bien et tout va bien.

L'économie de la Hesse

Quand à celui qui est en dernière position, c'est toujours avec des prières et des supplications et des douleurs et des pleurs et des gémissements qu'il avance ou évolue, mais ce dernier garde à l'esprit et au fond de lui une idée, une pensée, une envie, un chemin, celui un jour de ravir la première place et il a plus d'opportunités pour y arriver puisqu'il est dans la peau d'une personne qui se dit que tout est à faire et se met à agir en fonction. Ainsi il court deux fois, trois fois, quatre fois plus, il veille plus, il travaille plus, il apprend plus, il cherche plus, il connaît plus, il s'amuse moins, il mange moins, il boit moins, il sort moins et enfin de compte il vit moins. Il est comme mort. Or un enseignement nous montre que lorsqu'un grain de blé tombe en terre et meurt, il finit par produire ou donner plusieurs fruits, ce qui fait que celui qui occupe une place non considérable, de par ses efforts et son courage en passant par les chemins de la mort et de la consécration en ce en quoi il a foi et gardant espoir, finit par sortir de terre, fleurir et porter beaucoup de fruits.

Nous parlons de la terre de la Hesse et du choix que nous proposons et suggérons notamment la banque et l'agriculture (le blé) et de la nécessité de s'y mettre à plus de deux cent pour cent.

Elle conquiert au fur et à mesure et elle avance comme si de rien était. Certains la disent forte, d'autre la disent brave, plusieurs la trouveraient intelligente et nous nous dirons tout simplement que la Hesse est bonne à accomplir toute bonne chose.

Le temps vient et est là où cette terre, ce land de la Hesse, montagne pleine de bonne promesse marchera en tête de la course sans que l'on ne s'en aperçoive car elle demeure dans une humilité parfaitement imperceptible aux regards des cœurs affaiblis par la course économique qui focalisés sur les finances perdent l'essence même de la vie économique que la Hesse essaie de comprendre et comprendra au fur et à mesure.

L'économie de la Hesse

Elle vivra certes et passera de là où elle est à là où l'on l'attend : l'incontournable, le centre de toutes les convoitises et de tous les rêves et des envies économiques

Conquérir une terre oui être victorieuse dans un combat c'est de cela qu'il s'agit et c'est ce qui motive nos dires et c'est ce qui motive ce que nous disons sur ce land.

Elle doit et va conquérir mais il faut de la patience et du temps ; il faut de la vigueur et de l'abnégation ; il faut de la vison tant nocturne que de jour ; il faut de la saveur tant de son intérieur que de son extérieur.

Courir après des terres, c'est bien mais courir après ce que l'on est est encore mieux car lorsque nous sommes, nous avons tout ce que nous voulons et même des terres en aussi grand nombre que nous le souhaitons.

Ce que nous disons là c'est qu'il faut que le land de la Hesse court après sa propre personnalité car ce n'est qu'ainsi qu'elle va se conquérir et conquérir, ce n'est qu'ainsi qu'elle va se transformer et transformer.

Se transformer et transformer, c'est ce que nous essayons de présenter ici pour le land de la Hesse

il est impossible de conquérir sa propre terre et celle d'autrui sans passer par une transformation de soi et une transformation aussi des autres.

Lorsque nous sommes en guerre, ce qui est bon de savoir c'est que nous devons communiquer d'abord au sein de l'armée qui est la notre et communiquer aussi avec ou à l'armée adverse.

Mais comment ? En effet lorsque nous communiquons entre nous, nous arrivons à avancer sans perdre le contrôle des choses et lorsque nous arrivons à communiquer avec ou à l'adversaire, nous perdons son temps car le temps qu'il prend à nous écouter et/ou à déchiffrer ce que nous lui envoyons comme communiqué ou comme message nous permet de continuer notre avancé et lui permet à elle de stopper sa marche.

L'économie de la Hesse

Tel est le cœur et la vie que doit manifester le land de la Hesse.

Le fait que la Hesse soit à même de pouvoir en son sein déjà piloter et bien agir pour son économie et en plus envoyer des informations hors de ses portes fait et fera d'elle une économie qui prendra de l'avance et qui se mettra à l'abri de beaucoup de dangers.

Lorsque vous commencez à développer un produit que vous dites être un produit à base de blé mais qu'en fait c'est un produit financier et de banque mais que vous seul en avez la connaissance et que les autres du dehors n'ont pas la véritable réalité de ce que vous faites et dites, vous êtes tout à fait imprévisible apte à prendre le contrôle et à atteindre votre but.

Nous ne disons pas qu'il faut être dans la tromperie mais un projet conçu et préparé et développé et réalisé dans le secret à plus d'opportunité de réussite qu'un projet qui est présenté à tous et partout.

Il est vrai que le land à des amis et des frères et des sœurs et une famille et des cousins et des cousines et des voisins et des voisines et des compagnons mais d'abord le peuple de la Hesse avant tout et avant les autres.

Ce n'est pas mauvais de faire preuve de prudence ou d'être dans la prudence. Ce n'est pas mauvais que de faire sans que tous ne sachent que vous faites. Ce n'est pas mauvais d'accomplir sans que les autres ne sachent que vous accomplissez.

Existe t-il un pays qui dira ou saura ou entendra qu'un autre pays avance sans vraiment éprouver un pincement au cœur ?

Existe t-il une région qui dira ou saura ou entendra qu'une autre région avance sans vraiment éprouver un pincement au cœur ?

C'est pourquoi pour conquérir après avoir conquis, il faut marcher en disant d'abord : Je suis la Hesse et non la République Fédérale d'Allemagne.

L'économie de la Hesse

Nous ne sommes pas en train de créer une division ni une séparation ni une dislocation fédérale ni un autre genre de problème quelconque qui mettra à mal un pays mais nous disons que parmi tous les frères d'une même famille, tous ne sont pas appelés à marcher dans la même direction même s'ils sont appelés à garder le contact et à rester toujours des frères.

La Hesse doit se dire d'abord qu'elle est la Hesse et non qu'elle est la République Fédérale d'Allemagne afin qu'elle sache se positionner comme étant le land qui doit être incontournable au sein d'une fédération très forte qui a besoin que tous ses fils et filles ne comptent pas sur elle pour avoir une particularité mais que la diversité de leur force à tous devienne la puissance et la gloire allemande.

www.ingramcontent.com/pod-product-compliance
Lightning Source LLC
Chambersburg PA
CBHW031953190326

41519CB00007B/778